Inke Hummel

NICHT ZU STRENG, NICHT ZU ENG

Dein sicherer Weg zwischen Schimpfen und falschem Verwöhnen

humboldt

INHALT

Gebrauchsanleitung für dieses Buch

Dieses Buch funktioniert am besten, wenn du aktiv damit arbeitest. Deshalb halte Stift und Papier bereit oder mache dir digital Notizen. Vielleicht hast du ein besonders schönes Notizbuch, in dem du immer wieder gern blätterst, oder du arbeitest mit einer App, wenn dir das leichter fällt.

Je nachdem, wie viel Zeit dir zur Verfügung steht und welche Themen bei dir am drängendsten sind, kannst du dich auch (zuerst) auf einzelne Aspekte konzentrieren. Du musst nicht alles am Stück bearbeiten, kannst immer wieder Ergänzungen vornehmen, später vielleicht mit deinem Partner oder deiner Partnerin vertiefen – ganz wie es sich gut anfühlt.

Um dich wirklich in jedes Erziehungsverhalten einfühlen zu können und möglichst viel aus diesem Ratgeber für dich mitnehmen zu können, solltest du folgende Kapitel unbedingt und zuerst bearbeiten:

- Die Bedeutung von Bindung und Beziehung (S. 17)
- Auf der Suche nach der Mitte (S. 30)
- Vier Wege der Erziehung (S. 37)

Dir begegnen in diesem Ratgeber immer wieder der schüchterne Elias und die wilde Marie – die beiden Charaktere stehen für unterschiedliche Temperamente. So siehst du schneller, welcher Weg besser zu deinem Kind passt. Im Kapitel „Alle Wege gehen" (S. 57) kannst du daher einfach die jeweiligen Passagen auswählen, falls du dich beispielsweise nur für das schüchterne oder nur für das wilde Temperament interessierst.

Die Kapitel „Sicherheit in deinem Alltag" (S. 142) und „Sicher nach innen und außen" (S. 166) schlagen dann den Bogen zurück zu deinem täglichen Elternsein. Für größtmögliche Sicherheit auf deinem Erziehungsweg solltest du auch diese beiden bearbeiten.

Immer wenn es darum geht, mitzuarbeiten und/oder dir Notizen zu machen, findest du einen Notizblock an der entsprechenden Stelle im Buch: 

Fehlen dir Kraft und Zeit, dir intensiv Notizen zu machen, funktioniert das Buch aber auch, wenn du die Arbeitsaufträge überspringst und direkt die Lösungen liest. Die Erfahrung wird nur nicht ganz so intensiv sein.

Bitte beachte außerdem:

- Wenn von Eltern(teilen) die Rede ist oder in Grafiken Eltern als Mutter und Vater dargestellt werden, sind immer alle möglichen familiären Konstellationen und andere enge Bezugspersonen mitgemeint.
- Am Ende des Buches findest du eine umfangreiche Literaturliste, in der auch alle im Text empfohlenen Werke zu finden sind. (S. 196)
- Zusätzlich findest du dort eine Liste mit weiterführenden Links, die dich simpel per QR-Code auf die entsprechenden Seiten leiten. (S. 200)

DU BIST AUF DEM RICHTIGEN WEG

Bindung. Beziehung. Bedürfnisse. Es ist ein Segen, dass diese Begriffe heute fallen, wenn wir über Kindererziehung sprechen. Endlich gehen wir neue Wege. Früher fehlte so oft Mitgefühl. Die Generation unserer Groß- und Urgroßeltern sollte den Kindern bestimmte Verhaltensweisen austreiben und andere einpflanzen. Eltern hatten ihr Kind zur Not mit Gewalt zu formen, damit es in die Gesellschaft passte. Du machst es heute anders.

Du weißt, wie wichtig Bindung ist

Wir müssen uns nichts vormachen: Auch heute noch wird leider zu oft mit Kindern so umgegangen, als seien sie weniger wert als Erwachsene. Doch du gehst mit vielen anderen einen Weg, der Kinder wertschätzt und Beziehung großschreibt. Das ist toll! Du weißt viel darüber, wann dein Kind welche Fähigkeiten entwickelt, womit du es in jungen Jahren noch überfordern würdest und wie du mit Herausforderungen gut umgehen kannst. Ein Glück für dein Kind.

Denn eine solche Begleitung schafft sichere Bindungen, die die Wahrscheinlichkeit erhöhen für …

- eine körperlich und seelisch gesunde Entwicklung
- Selbstliebe und Gelassenheit
- eine gelungene geistige Reifung
- Selbstständigkeit im Alltag

- Stärke in Lebenskrisen
- den Mut, Nein zu sagen und für sich einzustehen
- funktionierende Eltern-Kind-Beziehungen
- guten Beziehungsaufbau zu Gleichaltrigen
- funktionierenden Bindungsaufbau zwischen dem Kind und weiteren Bezugspersonen (von Erzieher*innen über Lehrkräfte bis hin zu Freund*innen und Lebenspartner*innen im Erwachsenenalter)
- ein gutes Einfügen in die Gesellschaft
- kluges Konfliktlösen
- geringere Aggressivität
- geringere Anfälligkeit für Suchtproblematiken
- zufriedenes, lebenslanges Lernen und einen erfolgreichen schulischen Weg
- und vieles mehr

Bestimmt geht es auch deiner Familie so: Ihr seid auf einem guten Weg. Dein Kind kann seine Persönlichkeit vermutlich deutlich gesünder und freier entfalten, als du es selbst durftest. Und du als Elternteil fühlst dich in vielem informierter, als deine Mutter oder dein Vater es gewesen sind.

Um dich herum gibt es heute viel Buntes (zum Glück!) und auch viele Graustufen in der Erziehung: autoritär, antiautoritär, passiv, aktiv, in Beziehung, in übergroßer Sorge ... Umwege, Stolpersteine, Sackgassen. Der Weg hindurch ist nicht immer leicht.

Etliche Eltern aus deiner Generation wollen bewusst anders erziehen und mit ihren Kindern leben, als es die Maximen der Vorgängergenerationen vorgaben: Statt auf autoritäres, kinderfeindliches, gewaltvolles Erziehen setzen du und viele mehr auf Bindung, Beziehung und Bedürfnisorientierung. Ihr eignet euch viel Wissen an, das euren Eltern noch nicht zur Verfügung stand. Du möchtest auf die Bedürfnisse deines Kindes achten, willst es nicht verbiegen und wünschst dir eine lebenslange gute Beziehung zwischen euch. Und ganz sicher machst du das sehr bewusst und oftmals richtig gut.

Es gibt ja auch viel Hilfe und Inspiration und längst ist klar, dass auf diesem Weg keine Perfektion angebracht ist, sondern #gutgenug ausreicht. Dein Motto sollte sein: *Ich gebe mir Mühe, ich arbeite daran. Einen Schritt zurück, zwei vor. Miteinander!* Auch Elternsein muss man lernen.

Entlastung
Der von der Autorin und Journalistin Nora Imlau geprägte Hashtag #gutgenug geht zurück auf den britischen Kinderarzt Donald Winnicott, der vor über einhundert Jahren erstmals wissenschaftlich belegte, dass es für die Entwicklung eines Kindes sinnvoll ist, dauerhaft „ausreichend gut" zu sein. Nora hat mir das genauer erläutert: „Kein Elternteil kann durchgängig zu hundert Prozent feinfühlig die Bedürfnisse eines Kindes erkennen und beantworten. Es würde dann stark schwanken zwischen perfekt und schlecht. Beständig ausreichendes Reagieren hingegen ist schaffbar und auch für die Kinder hilfreich, denn sie lernen durch die Fehler und Missverständnisse zwischen ihnen und uns."
Aus dem ursprünglichen „good enough mothering" von Winnicott wurde im englischsprachlichen Raum längst ein „good enough parenting" und Nora machte daraus das simple #gutgenug: „Mir war es wichtig, diese Botschaft in alle Lebensbereiche von Familien zu tragen – Erziehung, Ernährung, Medien ... Es ist kein Freibrief für Ignoranz oder gar Gewalt, sondern ein Plädoyer dafür, hinzuschauen, wofür unsere persönlichen Ressourcen ausreichen und was uns überlasten würde. Denn auf diesem Weg sind wir unseren Kindern ein Vorbild. Verausgabung ist nicht nötig. Bindungssicherheit kann so sehr gut entstehen."
#gutgenug ist für dich gemacht und verbindet die theoretischen Gedanken zum Erziehen in guter Beziehung mit den Möglichkeiten und Erfordernissen der modernen Welt. Aber auch #gutgenug musst du erst mal schaffen. Trotz alledem, was du schon gelesen und gelernt hast, spürst du vermutlich immer wieder **Verunsicherung**, weil dieser neue Weg nicht leicht ist. Besonders wenn dein Umfeld sich ständig

darüber wundert, wie du mit deinem Kind umgehst. Vor allem, wenn du diesen Weg gehen musst, ohne Vorbilder gehabt zu haben. Du weißt vielleicht, wie man eine tolle Schwarzwälder Kirschtorte backt, einen korrekten Obstbaumschnitt durchführt oder eine wunderschöne Ziernaht hinbekommt, du sprichst mehrere Sprachen oder bist ein richtiges Organisationstalent. Weil du das alles ausgiebig lernen durftest und dabei einen Menschen an deiner Seite hattest, der dich durchs Lernen begleitet hat und dein Modell war. Doch beim Elternsein in guter Beziehung hatten viele von uns, die nun selbst Eltern sind, leider nur bedingt ein Vorbild. Du wahrscheinlich auch?

Achtung!
Bitte beachte, dass die Arbeit mit diesem Buch sehr herausfordernd sein kann. Gönn dir Pausen, such dir Gesprächspartner*innen, um deine Gedanken gut verarbeiten zu können, und frag professionelle Hilfe an, wenn du das Gefühl hast, die Themen, die du bearbeitest, sind zu fordernd. Zum Beispiel wenn du belastende Gedanken hast, sehr traurig wirst oder von den Inhalten nicht mehr loskommst.

Unsicherheit stresst dich

Gerade wenn du wenig bis keine Vorbilder hattest, lohnt es sich, genauer hinzuschauen. Denn alle in deiner Familie brauchen Sicherheit: dein Kind in Sachen Bindung und du in der Begleitung.

SICHERE BINDUNG ZU DEN ELTERN

Sichere Bindung bedeutet, dass ein Kind Menschen um sich weiß, die es sensibel wahrnehmen und begleiten, wenn es Unterstützung oder aber auch freien Raum benötigt. Darauf kann es über kurz oder lang vertrauen, auch wenn sie nicht wirklich anwesend sind. Beide Elternteile sollten möglichst die ersten Bezugspersonen sein, die ihm eine derartige Sicherheit vermitteln.

Neue Wege machen unsicher

Im Austausch mit Eltern und in meinen Beratungen spüre ich immer eine mitreisende Unsicherheit, wenn Eltern sich auf den Weg machen, ihr Kind in guter Beziehung zu begleiten. Die Gründe sind nicht schwer zu finden:

1. Du wirst hinterfragt. Viele Menschen hinterfragen diesen Weg, der ihnen neu erscheint. Das irritiert. In fremden Köpfen sind oft andere goldene Regeln für Erziehung verankert. Das spürst du sicher häufig in Kindergärten oder Schulen, aber auch im Kontakt mit älteren und auch gleichaltrigen Menschen im Park oder im Supermarkt, wenn Sätze fallen wie: *„Warum darf Ihr Kind das nicht allein machen? Mussten wir früher auch."* Oder aber: *„Warum darf Ihr Kind das schon allein machen? Es kann das doch noch gar nicht können!"*

2. Du hinterfragst dich selbst. Zum anderen ist der Weg in enger Eltern-Kind-Beziehung natürlich einer, der mit viel Nachdenken verbunden ist, weil du eben nicht stur an einer Regel festhältst. Wie alle Menschen, die sich intensiv mit ihrer Elternrolle auseinandersetzen, prüfst auch du immer wieder dein Verhalten. Vor allem wenn es sich im Alltag mit dem Kind nicht richtig anfühlt. Dazu gehört auch, sich Gedanken zu machen, ob dies oder jenes richtig war oder doch eher nicht. Während ein autoritärer, herrischer Erziehungsstil bedeutet, dass bitteschön das Kind sich anzupassen habe, siehst du es als deine Aufgaben, das kindliche Umfeld und auch dich selbst den Erfordernissen anzupassen. Gegen gefühlloses Machtgehabe setzt du den kinderorientierten Blick. Doch das ist anstrengend, fordernd, verunsichernd. Hinterfragen ist gut, aber bei zu starker Intensität auch zermürbend. Und ständige Unsicherheit macht nervös.

Kennst du folgende Gedanken?

- Mache ich das richtig?
- Ist mein Kind glücklich?
- Kommt es mit seinen Mitmenschen gut zurecht?

- Halte ich diese Art der Begleitung langfristig durch?
- Ist die Kritik wohl berechtigt?
- Ist das Kind so anstrengend, weil ich etwas falsch mache?

Oft kommt die Kritik an der Erziehung aus der eigenen Familie: von den Großeltern oder sogar von deinem Partner oder deiner Partnerin. Das beunruhigt natürlich besonders und ist ein guter Grund, genauer hinzuschauen, um dich schließlich sicherer aufstellen zu können.

Du musst dabei unbedingt wissen, dass ihr als Elternteile euch nicht bei jeder Entscheidung einig sein müsst. Aber ihr braucht beide ein **Sicherheitsgefühl**, damit ihr euch sinnvoll darüber austauschen könnt, wie ihr die Kindererziehung angehen wollt. Ihr könnt beide besser diskutieren, wenn ihr euch der eigenen Argumente gewiss seid. Sichere Eltern sichern ihre Kinder!

Ungute Wege zu mehr Sicherheit

Wenn sich der Alltag gar nicht mehr gut anfühlt, kommen noch mehr Fragen:

- Wo läuft es nicht gut?
- Wie justiere ich nach?
- Sollte ich doch volle Härte zeigen? Strenger werden?
- Oder gar keine Auseinandersetzungen mehr suchen? Dem Kind mehr abnehmen und damit noch enger bei ihm sein?

Das ist häufig der Weg, den ich bei Beratungsfamilien wahrnehme: Aus Unsicherheit soll Sicherheit werden und dafür wird unter Umständen eine krasse Methode „gewählt“ (nicht immer absichtlich). Entweder Schärfe gepaart mit Herzlosigkeit und viel Geschimpfe. Oder auch überbordende Herzlichkeit ohne Mut und Kraft, Regeln zu setzen. **Zu streng oder zu eng! Der herrische Weg oder der verwöhnend überfürsorgliche.** Kennst du das?

Autor*innen von Büchern mit reißerischen Titeln und schwarzmalerischen Inhalten freuen sich. *Helikoptereltern, Tyrannenkinder, Arschlochkinder!* Üble Begriffe werden allzu gern in Texte über Familien gepackt. Die Autor*innen plädieren für ein Zurück zur alten Strenge. Das scheint den Umgang mit Kindern zu vereinfachen, dahinter steckt aber eine Haltung, die sie diskriminiert. Leser*innen, die sich mit Bindung und Beziehung noch nicht befasst haben, fühlen sich auf einem harten Weg bestätigt. Unsichere Eltern werden eingeschüchtert. Auch das ist dir bestimmt schon begegnet.

Ich finde diese Art der Darstellung hinderlich: Wer möchte sich mit seinem Verhalten auseinandersetzen, wenn am Anfang eine Beschimpfung steht? Wenn Ängste geschürt werden? Das führt nur zu einem klaren Schwarz-Weiß-Denken, aber nicht dazu, behutsam und in kleinen Schritten etwas zu verändern.

Grundsätzlich wollen sicher die meisten Eltern „das Beste“ für ihr Kind und den Weg dahin so gestalten, dass es sich für sie machbar und gut anfühlt. Es geht uns allen um **Sicherheit**!

VORSCHNELLE URTEILE GREIFEN ZU KURZ

Das Verhalten, das einige Menschen als „Helikoptern" empfinden, hat oft nachvollziehbare Gründe, die Sinn ergeben. Du kennst vielleicht das Beispiel der Mutter, die ihrem Kind die Klobrille warm geföhnt hat, weil es sich auf die kalte nicht setzen wollte. Das Handeln der Mutter wurde in den sozialen Medien als Beispiel für besonders schlimmes Helikoptern heiß diskutiert und vor allem belächelt. Die Häme war groß. Dabei musste es sich sicher um ein total verwöhntes Kind handeln, eine sich selbst aufgebende Mutter ... Die Geschichte erfüllte wunderbar das Klischee von „modernen Eltern", das als Ausrede herhalten muss, um Menschen wieder für die alten, strengen Methoden zu gewinnen.

Aber Marktschreierei hilft nicht dabei, einen guten, ausgewogenen Weg zu finden. Du musst genau hinschauen:

- Vielleicht ist diese Mutter allein mit dem Kind, muss morgens pünktlich los, und das kalte Klo ist täglich ein kräftezehrender Streitfaktor. Die Klobrille zu föhnen ist ihre momentane Lösung. Warum nicht? Vielleicht sind dafür Anziehen, Frühstücken und Zähneputzen ohne weiteres Trara möglich?
- Vielleicht hat das Kind eine Wahrnehmungsstörung und braucht diese Hilfe, um gut in den Tag zu starten?
- Vielleicht hat diese Mutter nicht viel Zeit, Geld, Möglichkeiten oder andere Ideen, um ihrem Kind etwas Gutes zu tun. Diesen kleinen (Herzens-)Wunsch kann sie ihm aber erfüllen. Ist das weniger okay als ein neues Lego-Set oder abendliches Vorlesen?

Darf man dem Kind das Frühstücksbrot schmieren? Die Regenjacke bringen? Das Essen als lustiges Gesicht anrichten? Auf der langen Urlaubsfahrt nur Kinderlieder hören? Den Pullover auf der Heizung anwärmen? Auch Zehnjährigen noch beim Haarewaschen helfen?

Verwöhnen und einander einen Gefallen tun sind verschiedene Dinge. Ja, vielleicht verwöhnt diese Mutter Ihr Kind. Damit und mit tausend anderen Sachen. Vielleicht ist dieses Verwöhnen nicht hilfreich, weil die Mutter ihr Kind so daran hindert, sich abzunabeln, selbstständig zu werden, Dinge anzunehmen und auszuhalten.

Wir wissen es nicht. So oder so ist es wichtig, genau hinzuschauen, was hinter einem Verhalten steckt. Auch in Bezug auf Eltern und ihre Erziehung!

Ich wünsche dir, dass du nicht vorschnell verurteilt wirst. Und ich wünsche dir und mir, dass wir andere nicht vorschnell verurteilen. Darum soll es auch in diesem Buch nicht gehen, sondern rein um Hinsehen, Begreifen und Lernen.

Du suchst Sicherheit

Wir können auf ganz unterschiedlichen Wegen an Sicherheit gewinnen – guten und schlechten. Dieses Buch liefert dir Informationen, geht verschiedene Gedankenspiele mit dir durch und blickt genau auf deinen und euren Alltag. Die Arbeit damit wird emotional und intensiv, doch genau das hilft dir, sicher zu werden. Unterwegs wirst du merken, woher du dir bislang deine Sicherheit holst, und wirst dein Verhalten ändern können, wenn nötig.

Warum solltest du mit diesem Buch arbeiten?

- Damit du deine erzieherische Haltung absichern kannst für die fordernden Momente zwischen Esstisch und Mathebuch.
- Damit du dein Verhalten verändern kannst, wenn du erkennst, dass du irgendwo zu streng oder zu eng handelst.
- Damit du letztendlich mit gestärktem Rücken zu deinem Weg stehen kannst – gegenüber dir selbst und auch gegenüber Kitaerzieher*innen, Lehrkräften, Ärzt*innen, der Verwandtschaft und eventuell auch dem eigenen Partner oder der eigenen Partnerin.
- Damit du deinem Kind in Sicherheit eine stimmige Begleitung geben kannst. Sein guter Weg beginnt mit deinem.

Ich helfe dir dabei!

Den Weg, den dieses Buch geht, sind schon viele Eltern, Pädagog*innen und Psycholog*innen in Gesprächen und Fortbildungen mit mir gegangen. Er beginnt bei John Bowlby, dem Begründer der Bindungstheorie in den 1940er- und 1950er-Jahren, die wahrscheinlich die Zeit deiner Großeltern war, und schlängelt sich durch die folgenden Jahrzehnte. Aber keine Sorge: Auch im kommenden Rückblick wird es nicht zu theoretisch, sondern immer an deinem Alltag orientiert.

Das Buch wird dir helfen, im Alltag beziehungsorientierter zu entscheiden. Du kannst das alles mitnehmen in Gespräche oder auch als Aufgabe für Partner*innen, Erzieher*innen und andere. **So könnt ihr schließlich gemeinsam Sicherheit finden.**

- Du blickst ganz bewusst darauf, wie unterschiedlich Eltern sich verhalten können und wie sie damit Einfluss nehmen:
  - auf das Bindungsverhalten ihres Kindes
  - und auf seine Persönlichkeitsentwicklung.
- Du sollst verstehen, was den Weg in guter Eltern-Kind-Beziehung tatsächlich ausmacht – und was nicht – und warum er der sinnvollste Weg für Eltern ist.

Die Bedeutung von Bindung und Beziehung

Um zu verstehen, was alles an Kraft und Möglichkeiten in Bowlbys Bindungstheorie steckt, musst du dir überlegen, welches Klima in den 1940er- und 1950er-Jahren herrschte. Als deine Großeltern Kinder bekamen, war der Blick auf Familien geprägt durch eine repressive Pädagogik, die Kinder einschüchtert, unterdrückt und geplante, ganz in Ruhe ausgeführte körperliche und psychische Gewalt duldet und gutheißt. Diese Art der Erziehung ist schon viel älter, war aber zu Lebzeiten Bowlbys und bei uns in Nazideutschland en vogue. Die Erfahrungen im Krieg und die nationalsozialistische Ideologie wirkten stark auch in den privaten Raum. Eltern sollten hart und distanziert sein. Sie sollten sich mit Hingabe und Konsequenz um die planmäßige Pflege und Ernährung kümmern. Die Uhr bestimmte den Alltag, nicht das Herz.

Hätten die Eltern dieser Zeit den Begriff „Kinderrechte“ in den Mund genommen, wären sie sicher ausgelacht worden. Kinder waren eher Besitztümer, die man ohne Weiteres wegschicken konnte und anpassen musste. Das war der Zeitgeist.

Natürlich wurde Familie auch damals individuell ganz anders gelebt: Es gab sicher liebende und feinfühlige Eltern, aber sie waren politisch nicht erwünscht. Hätten deine Großeltern Ärzt*innen um Rat gefragt oder sich damals einen Ratgeber zur Erziehung gekauft, wäre ihnen wahrscheinlich von liebevollem Verhalten abgeraten worden. Sie sollten Berührungen und „Verzärtelung“ vermeiden, aus der Annahme heraus, dass ein Kind nicht aufs Leben vorbereitet würde, wenn man es nicht abhärtete. Große Nähe zwischen Eltern und Kindern wurde negativ interpretiert als „Abhängigkeit“, die es auszumerzen galt. Bindungslosigkeit war oftmals die Folge. Gebrochene Kinder waren nicht das Ziel, aber sie wurden in Kauf genommen. Individuelle Ziele für die Entwicklung eines Kindes waren ebenfalls nicht vorgesehen. Es galt stets das Motto: *Mitlaufen und sich anpassen bitte sehr!*

Fällt dir noch mehr ein?

Kleine Zeitreise

- **Was weißt du von deinen Eltern oder Großeltern, aus Büchern und Dokumentationen?**
- **Kannst du dich einfühlen in Bowlbys Zeit in den 1940er-Jahren?**
- **Wie schwer war es wohl für Eltern in dieser Zeit, ihrem Herz zu vertrauen, wenn es etwas anderes wollte als „Härte“?**

Notiere dir einige Stichworte, wenn du möchtest.

Versetz dich in die Zeit nach dem Zweiten Weltkrieg: Kinder wurden aus pragmatischen Gründen „verstaut“. Viele kamen in Heime, weil ihre Eltern nicht mehr lebten oder nicht wiederzufinden waren. Andere Kinder mussten in Betreuungseinrichtungen, damit ihre Eltern arbeiten konnten (in West und Ost). Enge Beziehungen oder auch nur Eingewöhnungen waren dort nicht möglich und es dachte auch kaum jemand darüber nach – oder hatte Kapazitäten dafür. Die Familien wurden weiterhin dazu gedrängt, Kinder streng und zur Anpassung zu erziehen.

Das zu wissen, hilft dir dabei, zu sehen, wie wichtig und wie neu der Gedanke an sichere Bindungen für Eltern im Grunde auch heute noch ist. Denn das Erbe aus Kriegszeiten wirkt nach. Deshalb sind andere diesbezüglich oft kritisch und du unsicher.

Zum Weiterlesen
Du hast Lust, dich tiefer damit zu befassen? Dann schau dir unbedingt das Projekt *familie-historisch.de* von Karin Bergstermann oder das Buch von ihr und Anna Hofer: „Bei meinem Kind mache ich das anders" an. Auch „Erziehung prägt Gesinnung" von Herbert Renz-Polster enthält viel Input hierzu.

In den Jahrzehnten, als deine Eltern erwachsen wurden, bewies die Forschung, dass die Bindungstheorie korrekt ist. Sie blickte darauf, wie sich verschiedene Elternhäuser beziehungsweise Erziehungsstile langfristig auf eine kindliche Entwicklung auswirkten. Dafür wurden Kinder bis ins Erwachsenenalter begleitet, was wertvolle Daten lieferte. **Heute gibt es etliche Forschungsergebnisse, die dir auf deinem beziehungsorientierten Weg recht geben.**

Neu entwickelte Verfahren zeigen schwarz auf weiß, wie sehr feinfühlige Bezugspersonen einem Kind nützen, denn es lassen sich hormonelle und auch organische Veränderungen (im Gehirn!) feststellen, wenn Eltern einem Kind dauerhaft (!) zu streng begegnet sind und seine Bindungsversuche nicht angemessen beantwortet haben.

Zum Weiterlesen
Du möchtest dich eingehender einlesen, um vielleicht auch anderen genauer davon berichten zu können? Dann findest du bei Nicola Schmidt in „Der Elternkompass" mehr zu diesen und anderen Studien.

Die Bindungsforschung nahm Kinder endlich ernster und konnte zeigen, dass zum Beispiel ein aggressives Verhalten oft sinnvoll und im Grunde positiv ist. Denn es macht darauf aufmerksam, dass etwas nicht okay ist. **Kinder haben gute Gründe für ihr Tun und werden nicht mehr als Schuldige gesehen, wenn das Leben mit ihnen anstrengend ist.** Ein weinendes Baby oder Kleinkind war nämlich noch nie ein übler Fiesling, der die Eltern ärgern möchte und missachtet werden sollte. Erstmals ließ das Wort „Verwöhnen“ nicht mehr nur Negatives mitschwingen. Als deine Eltern langsam daran dachten, eine Familie zu gründen, wurde der Begriff endlich in seiner ganzen Bandbreite gesehen und von vielen auch positiv gefüllt.

Diese Frage kennst du bestimmt: *Ist das Tragen eines Babys schon Verwöhnen in der Bedeutung von „ihm etwas Schlechtes angewöhnen“?* Nein, es ist erst mal das Erfüllen eines kindlichen Bedürfnisses. In den Skeptikern steckt viel Misstrauen und sie sehen Kinder als Geschöpfe, die ihre Eltern hemmungslos ausnutzen. So hat es die Generation deiner Großeltern noch überall zu hören bekommen. Dabei kann Verwöhnen hier einfach bedeuten: **„Ich habe die Möglichkeiten, du kannst es genießen und es schadet dir nicht.“**

Alle Pädagog*innen, die sich dem Thema Bindung verschrieben haben, betrachten vieles ganz neu, nicht nur das Verwöhnen. Und dadurch hast auch du einen positiven Blick auf …

- das Streben deines Kindes nach (Ver-)Bindung,
- die Bedeutung der ersten Lebensjahre, mit dem Wissen um kindliche Bedürfnisse in den verschiedenen Altersstufen,
- die Wichtigkeit der Familie und der dortigen Fürsorge und
- die Bedeutung der Beziehungen und Bedürfnisse aller Familienmitglieder.

Danke für deinen Enthusiasmus!

ES MUSS NICHT IMMER MAMA SEIN

Kritiker*innen bemängeln den damaligen Fokus Bowlbys auf die Mutter-Kind-Beziehung. Das war der Zeit geschuldet. Inzwischen ist die bindungsorientierte Arbeit längst weiter, denn „Mutter" ist ersetzbar durch „feinfühlige Bezugsperson", Geschlecht egal. Oft ist die erste Bezugsperson eines Kindes noch immer seine Mama, aber bindungstheoretische Gedanken sind nicht an Geschlecht, Gender oder festgeschriebene Rollen gebunden.

Wichtig ist, dass das Kind mit mindestens einer guten Bezugsperson ins Leben startet und in rücksichtsvoller, informierter Begleitung und sensibler Eingewöhnung eine sogenannte „Bindungspyramide" aufbauen kann; aus Personen, bei denen es sich geborgen fühlt. Beide Elternteile, Großeltern, Partner*innen, auch Tageseltern oder Lehrpersonen können ein Teil davon sein.

Von der Theorie zum Alltag

Was habt ihr, du und dein Kind, nun davon? So einiges, denn es hat sich gesellschaftlich viel getan. Dank der Bindungsforschung und moderner Autor*innen wie Karl Heinz Brisch, Susanne Mierau oder Nora Imlau weißt du heute, wie wichtig eine helfende Bezugsperson ist, wie sehr Kinder sie suchen und diese ersten sicheren Anbindungen benötigen. Säuglinge müssen angesprochen und berührt werden. Die Bedeutsamkeit dieser Erfahrungen für die weitere Entwicklung und das psychische Wohlergehen ist inzwischen ein wichtiges Thema.

→ Deswegen weißt du heute zum Beispiel, dass dein Baby nicht schreiend allein bleiben sollte. Dass es einen Sinn hat, schon von Anfang an mit einem Kind zu sprechen, anstatt es beispielsweise ausdruckslos zu wickeln, oder dass dein Kleinkind eine Eingewöhnungszeit im Kindergarten benötigt. Du liegst richtig, wenn du entsprechend handelst und diesen Umgang mit deinem Kind auch von anderen einforderst.

Die Bedeutung der ersten Lebensjahre unserer Kinder ist nicht mehr wegzudiskutieren. Sie findet schon starke Berücksichtigung – aber da geht noch mehr. (Beispielsweise passt die gewünschte Beteiligung aller Eltern am Arbeitsmarkt noch lange nicht zu den institutionellen Strukturen der Kinderpflege.) Es rückt immer stärker ins Bewusstsein, dass Schreien, Lächeln, Festhalten und mehr im Baby- und Kleinkindalter bindungssuchendes Verhalten ist. Ignorieren Eltern das kontinuierlich (!), wird das Baby wahrscheinlich noch stärker schreien und sich irgendwann „abstellen“. Das Kind gibt seine Hilferufe auf. Dies hat Konsequenzen für die weitere Entwicklung. Es etabliert sich wahrscheinlich ein inneres Arbeitsmodell: *Auf meine Mitmenschen kann ich mich nicht verlassen.* Das überdauert in der Regel die Kindheit und ist im Laufe des Lebens nur schwer zu überschreiben. Wenn ihr Schreien unbeantwortet bleibt, nehmen die Kinder also Schaden, und dieses Verhalten der Eltern kann die zukünftigen zwischenmenschlichen Beziehungen des Kindes negativ beeinflussen. Aber auch auf andere Kommunikationsformen von Babys, wie zum Beispiel Lächeln oder Körperkontakt, sollten Bezugspersonen antworten. Die Kinder fühlen sich dann gesehen und wertgeschätzt und es bildet sich die Überzeugung: *Ich bin wichtig, meine Mitmenschen sind verlässlich.*

Die Forschung hat erkannt, wie auffällig Kinder reagieren, wenn ihnen Bindungssicherheit fehlt. Und dass das gut ist! Denn auffällige Kinder stehen mit diesem Verhalten für sich ein, sichern im Grunde ihr Überleben.

→ Deswegen wird die elterliche Begleitung in den ersten Lebensjahren heute als viel wichtiger erachtet und kleine Kinder werden immer stärker als bedürftige, gleichwertige Menschen gesehen.

→ Deswegen kannst du dir mit gutem Gefühl dafür Raum nehmen, Mama oder Papa zu sein und diese Aufgabe mit Wissen zu unterfüttern.

→ Deswegen weißt du heute zum Beispiel, dass ein beißendes oder schlagendes Kleinkind dich nicht boshaft verletzen will, sondern noch keine andere Art gelernt hat, seine Gefühle auszudrücken. Und du weißt, dass ein kleines Kind es nicht böse meint, wenn es dich nach einem „Fehlverhalten" anlächelt. Vielleicht möchte es nur sicherstellen, dass eure Bindung noch okay ist.

Du findest unglaublich viel Literatur und Impulse zu einem sinnvollen Umgang mit deinem Kind. Selbst Eltern, die sich nur ein bisschen damit befassen, können rasch lernen, welche Bedürfnisse Kinder haben und dass einige davon universell, andere individuell sind. Bindung ist beispielsweise ein universelles Bedürfnis, das jeder Mensch hat: emotionale Sicherheit durch einen anderen Menschen spüren.

→ Deswegen kannst du dich umfangreich und ohne großen Aufwand informieren. Dies hilft ungemein, den beziehungsorientierten Weg zu gehen.

Sichtbarer wurde auch, wie wichtig Feinfühligkeit im Umgang mit Kindern ist. Die Erwachsenen müssen gut wahrnehmen können, was hinter einem Verhalten steckt und was ein Kind benötigt. Die Bindungsforschung zeigt, dass es dem Kind dabei mehr darauf ankommt, welche Person Nähe schenkt und es anleitet, als darauf, dass jemand nur für Essen sorgt.

→ Deswegen kannst du heute an anstrengenden Tagen ruhigen Gewissens sagen: *„Komm, wir verkrümeln uns in die Höhle unterm Hochbett, kuscheln, lesen und essen einfach, was der Konservenvorrat hergibt."* #gutgenug – weißt du noch?!

Bei Tageseltern, in Kitas und Kindergärten finden Eingewöhnungen statt. Die gängigsten Modelle hierzu wurden in den 1980er-Jahren entwickelt und sind inzwischen in irgendeiner Form in jeder Betreuungseinrichtung zumindest formal verankert.

→ Deswegen darfst du heute darauf pochen, dass deinem Kind die Zeit zum Ankommen gewährt wird, die es braucht. (Auch wenn nicht alle Institutionen tatsächlich leben, was in ihrem Konzept steht.)

Bei Krankenhausaufenthalten dürfen Eltern ihre Kinder begleiten. Sie sind nicht nur eine Entlastung für das Pflegepersonal, sondern eine starke Unterstützung ihrer Kinder beim Genesungsprozess und der emotionalen Verarbeitung der Geschehnisse.

→ Deswegen kannst auch du deinem Kind im Notfall beistehen.

Ein beziehungsloser Umgang mit Kindern, der auf Gehorsam pocht, wird von immer mehr Pädagog*innen hinterfragt. Leider begegnet man den dahinterstehenden Denkansätzen noch oft, beispielsweise im Schulsystem, wenn es mit Strafen, Belohnungen und Gruppenvergleichen arbeitet. Allerdings wird es einer Lehrkraft mit 30 Kindern zugegebenermaßen schwer gemacht, Wege in Beziehung zu entwickeln. Doch viele gehen es dennoch an.

→ Deswegen kannst du mit guten Argumenten ansprechen, wenn derartige Vorgehensweisen in Institutionen nach wie vor zum Einsatz kommen.

In der bindungsorientierten Pädagogik wurde außerdem der Blick dafür geschärft, dass die Bedürfnisse von Kindern und Erwachsenen gleichbedeutend sind.

→ Deswegen suchst du im Alltag Kompromisse und übergehst dein Kind nicht herrisch.

Es gibt beispielsweise nach Karl-Heinz Brisch bindungstheoretisch ausgebildete Therapeut*innen verschiedener Fachrichtungen, die Bindungsdiagnostik und bindungsbasierte Therapien anbieten. Die Diagnostik hilft Familien dabei, generationenübergreifende Muster im Bindungsverhalten zu erkennen und aufzulösen. Bindungsbasierte Therapien sind sinnvoll, weil in einem Therapeutenverhältnis, das auf Verbindung fußt, am besten gearbeitet werden kann. Das ist auch bei Therapeut*innen möglich, die anderswo ausgebildet wurden. Lass bei der Auswahl Folgendes dein Indikator sein: Das Beziehungsgefühl muss stimmen, damit ihr gut miteinander arbeiten könnt.

→ Deswegen hast du heute die Möglichkeit, das Bindungsthema ohne unangenehme Vorurteile zu bearbeiten, wenn es notwendig ist.

„Die verfassungsmäßigen Rechte der Kinder einschließlich ihres Rechts auf Entwicklung zu eigenverantwortlichen Persönlichkeiten sind zu achten und zu schützen. Das Wohl des Kindes ist angemessen zu berücksichtigen. Der verfassungsrechtliche Anspruch von Kindern auf rechtliches Gehör ist zu wahren. Die Erstverantwortung der Eltern bleibt unberührt." Dass diese Sätze bald im Grundgesetz stehen, ist das Bestreben des „Aktionsbündnisses Kinderrechte" bestehend aus dem Deutschen Kinderhilfswerk, dem Deutschen Kinderschutzbund und UNICEF Deutschland.

Wir waren der Aufnahme von Kinderrechten in die Verfassung der Bundesrepublik noch nie so nah wie 2021. Leider ist das Anliegen wieder gescheitert, aber es wurde in den Koalitionsvertrag der Ampelregierung aufgenommen und wir dürfen hoffen.

→ Deswegen können dein Kind und alle anderen auch endlich darauf hoffen, dass sie zum Beispiel bei politischen Entscheidungen weniger übersehen werden, was sich bei korrekter Umsetzung stark auf ihren Alltag auswirken sollte. (Wir müssen allerdings noch etwas Geduld haben.)

Dass wir Bindung so stark ins Auge fassen, wirkt sich also nachhaltig auf unser Leben als ganze Gesellschaft aus, doch ganz sicher auch spürbar auf jede Einzelne und jeden Einzelnen von uns. Je besser du über kindliche Verhaltensweisen und Entwicklung, aber auch über Bindungsbedürfnisse Bescheid weißt, desto besser wird dir deine Elternrolle gelingen. Auch wenn andere Störfaktoren natürlich weiterhin bestehen bleiben.

Das alles macht Kinder stark und ihre Verbindungen sicher. Auch dein Kind wird sich auf dieser Grundlage eher gut entwickeln und sein angeborenes Naturell entfalten können. Auch dein Kind wird dank guter Bindung in den ersten Jahren wahrscheinlich sichere Beziehungen zu Erzieher*innen, Lehrkräften, Freund*innen und späteren Partner*innen aufbauen können.

Ein Weg in Bindung und Beziehung verhilft deinem Kind mit hoher Wahrscheinlichkeit zu einem höheren Selbstwert, einer gesunden Persönlichkeitsentwicklung, besseren Fähigkeiten im Umgang mit all seinen Gefühlen oder zu der Gewissheit, das Leben gut allein meistern zu können (wozu auch gehört, sich Hilfe zu holen). In der Gesamtheit gesehen sichert dieser Weg sogar besser das grundsätzliche Überleben eines Kindes!

DIE VORTEILE GUTER BINDUNG

Gute Bindung hat viele Vorteile. Engagierte Eltern, die sensibel auf ihr Kind schauen, ihm kluge Leitplanken für seinen Weg aufstellen und spüren können, wann ihr Kind Nähe und wann es Loslassen braucht, sind nicht die Garantie für ein bestimmtes „Ergebnis" von Kindererziehung. Aber sie haben die höchste Wahrscheinlichkeit, dass das Kind sich gesund entwickelt.

Die Vorteile liegen also auf der Hand. Alle oben genannten Punkte kannst du dir selbst und anderen gegenüber als Belege für die Richtigkeit des beziehungsstarken Elternweges anführen. Aber wieso bist du dann immer noch unsicher im Alltag mit deinem Kind zum Beispiel bei Gegenwind aus der Verwandtschaft?

Zwischen Überbehüten und Härte

Entwicklung braucht Bindung und Entdeckerlust. Wurzeln und Flügel. Gleichzeitig. Bei jedem Kind unterschiedlich stark ausgeprägt in die eine oder die andere Richtung. Wir Eltern stellen die Leitplanken für den Weg unserer Kinder auf. Hier können Fragen auftauchen, die viele Eltern umtreiben und die wahrscheinlich auch du kennst:

Wie geht das richtig?

- Was ist zu wenig, was ist zu viel?
- Was ist zu hart und was ist zu lieb?
- Was ist zu streng und was zu eng?
- Was ist denn schon Wunsch und was noch Bedürfnis?
- Wie viel Raum braucht das Kind, wie viel brauche ich?
- Und wie viel Raum brauchen die anderen? Wo stehen wir in dieser Gesellschaft?

Mit diesem diffusen Gefühl von **Unsicherheit** bist du nicht allein. Ich glaube, es gehört zum beziehungsorientierten Elternweg dazu, der davon geprägt ist, die Gegebenheiten und auch sich selbst zu hinterfragen. Aber es lässt sich einfangen und absichern.

Aus Angst vor Machtgehabe oder auch aus dem Wunsch heraus, es anders als die eigene Eltern- und Großelterngeneration machen zu wollen, landen wir leicht auf Abwegen: auf der einen Seite die gewaltvolle Willkür und Kinderfeindlichkeit, aber auf der anderen Seite das sorgenvolle, lieb gemeinte Überfürsorgliche. Das geht ganz schnell! Kennst du das?

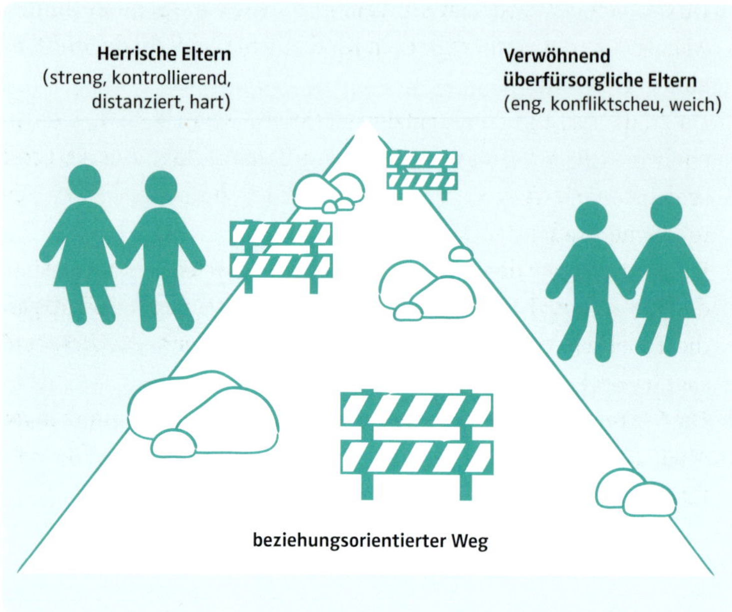

Die Gratwanderung

„Zu viel Liebe geht ja gar nicht!“ Das stimmt schon. Aber zu viel **falsch verstandene Liebe** kann ganz leicht auftauchen – und einem Kind durchaus **schaden**. Das passiert beziehungsorientierten Eltern sicherlich immer mal wieder:

- Plötzlich fragt das Kind, ob es nicht endlich mal allein schlafen darf. Tief im Inneren weißt du, dass du vor allem am Familienbett festgehalten hast, weil es dir so guttut.
- Die kritische Nachricht vom Sportverein zu den Elterntaxis pikst dich, weil du immer fährst, obwohl es doch nur sechs Minuten Fußweg wären und dein Kind sehr sicher und gut zu Fuß geht.
- Die Lehrkraft fragt verwundert nach, ob das nicht deine Schrift ist bei den Hausaufgaben.
- Du stehst auf eurem Kindergeburtstag, der etwas ausgeufert ist – mit Zauberer und Eselreiten – und fragst dich plötzlich, ob dein Kind das so wollte oder eher das frühere Kind in dir.

- Du beobachtest, wie dein Kind einem anderen die Schleife bindet, während du das immer für dein Kind machst, weil du dachtest, es könne das nicht.
- Du greifst nicht in den zwanzigsten Geschwisterstreit ein, weil du einfach nicht mehr kannst an diesem Nachmittag, und sitzt mit schlechtem Gewissen im Nachbarzimmer – hörst aber dann, wie toll deine Kinder den Konflikt allein lösen.
- Die Mutter oder der Vater aus der Nachbarschaft wundert sich, dass du deinem Kind noch eine Windel anziehst und es ständig an die Toilette erinnerst, weil es bei ihr/ihm immer super Bescheid sagt, wenn es mal muss.
- Die Klassenleitung fragt, wieso du ein bestimmtes Thema in einer Mail klären möchtest, weil dein Kind am Morgen schon alles mit ihr besprochen hat.

Hattest du auch schon solche Momente?

Wichtig ist: Alles Geschilderte kann zu viel sein, aber muss nicht. Da sind wir wieder beim Begriff des „Verwöhnens" und seinem möglichen Schaden. All diese Beispiele haben keine Allgemeingültigkeit und es gibt auch keine Altersangaben dazu. Sie stehen für Momente, in denen du plötzlich verunsichert bist, ob du deinem Kind im Weg stehst und seine Entwicklung behinderst. Nachhaltig. Denk an dein Motto: **„Ich habe die Möglichkeiten, du kannst es genießen und es schadet dir nicht."**

Schadet dein Verwöhnen wirklich nicht? Das musst du dich fragen. Leider wird selten frei darüber gesprochen. In meinen Elternberatungen öffnen sich Mütter und Väter aber, denn sie haben so eine Ahnung, dass etwas nicht gut läuft und für ihr Kind vielleicht nicht gesund ist. Eventuell engen sie den Weg mit ihren Leitplanken zu sehr ein, obwohl ihr Kind signalisiert, dass es mehr Weite und Zutrauen braucht. Sie spüren oft, dass sie selbst dabei auf der Strecke bleiben, denn dieser Weg ist kräftezehrend.

Oder sie merken, dass das Umfeld kritisch reagiert. Diese Stimmen von anderen sind schwierig zu händeln: Halten sie immer noch an alten Überzeugungen, autoritärer Pädagogik und einem grundsätzlichen Misstrauen Kindern gegenüber fest? Dann brauchen wir sie nicht! Oder zeigen sie uns, dass unser Kind eventuell ungute Muster entwickelt hat, weil wir hier und da nicht so gut agieren und sich unschöne Rituale in unseren Alltag eingeschlichen haben? Weil wir mit unserem Schützen und Verwöhnen zu weit gegangen sind und vielleicht doch „schaden“?

Letzteres passiert ganz schnell. Was wir gut meinen, wird schnell zu viel. Zu eng. Kommt dir das bekannt vor?

Wird einem Elternteil diese Enge bewusst, vielleicht durch harte Kritik, schwenkt er manchmal um und bietet dann zu wenig Zugewandtheit. Wird zu streng. Kennst du das vielleicht auch?

DER MITTELWEG

In der Elternberatung höre ich öfter die Überlegungen, dass, wenn es mit dem liebevollen Weg „nicht funktioniert“, jetzt doch sicher der Weg mit den Strafen ausprobiert werden müsse. Das ist immer der Moment, in dem man hinschauen muss, wie das Liebevolle bisher tatsächlich aussieht und ob Leitplanken fehlen. Denn es gibt einen Weg zwischen diesen Polen.

Auf der Suche nach der Mitte

Wie landet man bei falsch verstandener Fürsorge, zu viel Enge oder Strenge? Im Grunde ist die Ursache Unsicherheit, manchmal sogar Angst, Druck von außen, oft auch Ungeduld. Diese Gefühle bewirken in einigen Fällen, dass du übersiehst, welche Signale dein Kind aussendet und was es braucht. Sie können dich darin hemmen, einen Blick einzunehmen, der das Kind und seine Bedürfnisse gut im Auge hat.

Du bist mit deiner Unsicherheit nicht allein

Diese Art von Angst ist bei bedachten Eltern nicht ungewöhnlich: *Mache ich zu viel, zu wenig, das Falsche?* Du musst dich deshalb nicht schlecht fühlen. Problematischer sind Eltern, die diese Unsicherheiten und Ängste haben, aber sich ihrer nicht bewusst sind. Denn ihr Handeln wird ja dennoch davon bestimmt, aber ohne dass sie hinschauen und etwas hinterfragen oder verändern.

Kannst du festmachen, was deine Unsicherheit ausmacht und in welche Richtung sie dich schiebt? Notiere deine Gedanken.

Deine eigenen Gefühle erkunden I

Mach dir Notizen zu folgenden Fragen:

- Hast du Angst vor einer Art Ohnmacht oder Handlungsunfähigkeit rund um dein Kind und sein Umfeld? Spürst du Misstrauen in seine Fähigkeiten? Reagierst du daher autoritär, machtsichernd, ohne Mitgefühl? Hast du Angst, dein Kind wird sich nicht anpassen können, im Leben nicht zurechtkommen?
- Oder hast du Angst davor, keinen Einfluss zu haben, und vor fremdem Einwirken auf dein Kind? Fühlst du Skepsis der Welt gegenüber? Oder hast du selbst so schlechte Erfahrungen als Kind gemacht, dass du unbedingt alles besser machen möchtest? Und reagierst du daher überbehütend, vielleicht kontrollierend? Hast du eventuell eher deine Erinnerungen im Blick als dein Kind?
- Oder hat dein Partner oder deine Partnerin vielleicht Angst vor einem der oben genannten Punkte und zeigt daher häufig zu viel Strenge oder aber zu viel Enge?

Im Alltag werden dich Kritiker*innen vermutlich eher unsanft und eben doch bewertend auf diese Themen ansprechen: *„Der lässt sich von seinem Kind aber auch alles sagen“* oder *„Das ist aber eine Glucke, die lässt ja gar nicht los.“* Daraus folgt meist, dass du dich der Kritik gegenüber verschließt. Wichtig ist aber erst mal, diese Fragen und Blicke zuzulassen. Ohne Wertung. Auch nicht durch dich. Mit einem schlechten Gewissen kommst du nicht weiter. Du tust etwas gegen deine Unsicherheit und gegen mögliche ungute Verhaltensweisen. Du musst dich nicht niedermachen!

Sei dir sicher: Ich möchte ganz wertfrei mit dir hinschauen, wie ich das auch in meinen Beratungen mache. Die Wahrheit ist nämlich auch, dass keiner von uns einen der im nächsten Kapitel beschriebenen möglichen Wege der Erziehung ganz exakt beschreitet. Nur #gutgenug sollte es bleiben, dann entstehen weder Schaden noch Leidensdruck beim Kind. Erst wenn du mehr als „nur mal hier und da nicht mehr in Beziehung“ bist, kann es kritisch werden.

Deine eigenen Gefühle erkunden II

Bitte klär für dich mit Blick auf die gerade bearbeiteten Fragen und gerne schriftlich ...

- woher deine Unsicherheit rührt.
- in welches Verhalten du dann eher verfällst: zu viel Strenge oder zu viel Enge und Überfürsorge?
- ob du grundsätzlich Mitgefühl mit deinem Kind empfinden kannst, auch wenn es dich heute mal wieder in den Wahnsinn zu treiben scheint.
- ob es dir grundsätzlich gut geht oder du für dich Unterstützung benötigst, bevor du dich des Themas Erziehung annimmst:
  - Gibt es unbearbeitete Probleme aus deiner Vergangenheit, die dich beeinflussen? Dann denk über ein Coaching, ein Gespräch mit deinem Hausarzt oder deiner Hausärztin beziehungsweise einem Psychotherapeuten oder einer Psychotherapeutin nach. (Der Weg in eine psychotherapeutische Begleitung muss nicht über die hausärztliche Praxis führen!)

- **Hast du den Eindruck, deine Beziehung ist von einem schlechten Muster zur Konfliktlösung geprägt? Dann überlege zusammen mit deinem Partner oder deiner Partnerin, ob eine Beratung für euch gemeinsam sinnvoll sein könnte.**
- **Fühlst du dich alleingelassen, ohne Netz, auf das du zurückgreifen kannst? Such dir Unterstützung bei einer Erziehungsberatungsstelle und vielleicht einer Selbsthilfegruppe, um neue Kontakte zu finden. Wenn dir dafür Zeit fehlt, geht vieles inzwischen auch online.**

Diese Gedanken klingen so simpel? Eigentlich sind sie das auch, aber im Alltag fehlt uns oft der Blick dafür. Schau bitte genau und ehrlich hin, denn wenn es bei diesen grundlegenden Bereichen Mankos gibt, kann es sehr gut sein, dass du für Gedanken rund um Eltern-Kind-Beziehung nicht genug Puste hast.

Du findest endlich Sicherheit

In Elterngesprächen höre ich immer wieder von Situationen, die sich zunächst mal wie Konflikte anfühlen, in die das Kind motzig startet, die aber die Eltern dann plötzlich innehalten lassen. Sätze wie: *„Sag mir nicht, was ich wollen soll!“*, *„Wer schreibt heute Mathe: ich oder du, Mama?“*, *„Mach das nicht für mich, Papa!“* oder *„Kümmert euch doch nicht immer!“* können Anzeiger für zu viel Strenge oder zu viel Enge sein. Und es ist gut, wenn dein Kind das spürt und ausspricht. Momente, in denen sich die Frage stellt, warum dem Kind immer noch die Rinde vom Brot abgeschnitten wird, es seine Verabredungen nicht selbst trifft oder ständig einen Schal umgebunden bekommt, wer eigentlich den Traum von der Handballkarriere hatte oder wessen Wunsch das üppige Kinderfest mit fünf verschiedenen Events und Zuckerwattemaschine war, können piksen. Besonders wenn ein Elternteil merkt, dass es da Bedürfnisse auslebt, die ihm selbst früher nicht erfüllt wurden, oder dass es Ängste hat. Und wenn das Kind die Antwort wissen möchte, weil es spürt, dass es nicht um seine Anliegen geht.

Oft sind wir gefangen in unseren Alltagsabläufen oder auch in Verhaltensmustern, die wir schon von unseren Eltern gelernt haben. Oder in Mustern, die wir dem Gelernten entgegensetzen wollen, indem wir alles auf jeden Fall ganz anders machen als unsere Eltern. Kommt dir das bekannt vor? Dann wird es Zeit, dich zu fragen, ob du dein KIND siehst oder eher DEINE Bedürfnisse erfüllst. Das ist ein schmaler Grat.

Du kannst verstehen lernen, wo der Unterschied zwischen Strenge, Enge und der goldenen Mitte liegt, die selbst übrigens recht breit ist. Denn #gutgenug kann vieles sein. Du kannst erkennen, was okay ist, aber auch was mit der kindlichen Persönlichkeitsentwicklung passieren kann, wenn das eben nicht mehr der Fall ist. **Das wird dich in kleinen Schritten sicherer machen und dir die Angst nehmen. Damit du wiederum deinem Kind Sicherheit geben kannst.**

UNSICHERE ELTERN

Je jünger ein Kind ist, desto weniger kann es sich davor schützen, die Gefühle der Eltern mitzufühlen. Es gelingt ihm noch nicht, sich davon abzugrenzen. Wenn ein Elternteil aus innerer Unsicherheit heraus autoritär und distanziert ist sowie oft polternd wütend, wird das Kind diese Rage auf sich beziehen, auch wenn es gar nicht um das Kind geht. Bei ihm kommen Verunsicherung oder sogar Ablehnung an. Das Gleiche gilt, wenn ein Elternteil im Alltag allgemein übermäßige Ängstlichkeit ausstrahlt. Kinder bis ins frühe Grundschulalter erleben derartig aufgeladene Atmosphären immer ohne Abgrenzung zu sich, bis sie hoffentlich gelernt haben, sich gezielt außen vor zu sehen. Bis dahin werden sie von den Gefühlen angesteckt und können selbst nichts dagegen tun.

Diese Tatsache ist wichtig für dich, denn sie zeigt dir, wie bedeutend das Arbeiten an dir und deiner Sicherheit sowie das Arbeiten mit deinem Partner oder deiner Partnerin unter Umständen ist. Dein Kind braucht Sicherheit in ausreichender Menge (#gutgenug) um sich herum.

Damit dein Kind sich sicher fühlt, benötigt es von dir ...

- Mitgefühl
- Einfühlsamkeit
- Vertrauen
- Zutrauen
- Förderung entsprechend seines Entwicklungsstandes
- kein Überfordern und kein Zwingen
- das rechte Maß an Hilfe

Ich fasse diese Punkte immer zusammen als **aktives Annehmen und zugewandtes Zumuten:** Nimm an, was da ist und wie die Situation aussieht, arbeite engagiert damit und bezieh dein Kind liebevoll, aber bestimmt mit ein.

Zum Weiterlesen

Du möchtest fundiert, aber leicht verständlich erfahren, wie kindliche Entwicklung abläuft und wie du die Meilensteine in Beziehung begleitest? Dann lies bei Katja Seide und Danielle Graf in ihrer Reihe „Das gewünschteste Wunschkind aller Zeiten treibt mich in den Wahnsinn" nach.

Diese Grundpfeiler sollen dich im Alltag leiten als deine erzieherische Grundhaltung. Für den Weg durch das Thema und durch dieses Buch kann dir folgende Frage helfen:

Was will ich für mein Kind?

- Ich will spüren, welche Bedürfnisse hinter seinem Verhalten stecken.
- Ich will, dass es sich von mir gesehen fühlt, anstatt es zu diskriminieren, nur weil es kleiner ist als ich.
- Ich will, dass es mein Vertrauen spürt. Wenn ich zweifle, schaue ich hin, wo das herkommt.
- Ich will seine Persönlichkeit anerkennen und nicht verbiegen.
- Ich will es so fordern, dass es ihm guttut.

- **Ich will ihm helfen, wo es notwendig ist, und stoppe da, wo ich seiner Eigenaktivität schade.**
- **Ich will ihm zugewandt zeigen, wenn sein Verhalten anderen oder auch sich selbst schadet.**

Mach dir Notizen und ergänze weitere Ziele.

Wenn du dir das im Alltag immer wieder anschaust, gerade wenn du in verzwickten Situationen steckst, wirst du deinen Weg finden, der beziehungsstark und #gutgenug ist. Vielleicht entwirfst du dir eine geschriebene oder gezeichnete Erinnerung, die dich immer wieder daran erinnern kann. Hefte sie an den Kühlschrank oder den Spiegel im Bad, damit du jeden Tag einmal daran denkst.

Und jetzt wird's noch alltagsnäher: Im folgenden Kapitel stelle ich dir vor, wie unterschiedlich Eltern ihr Kind erziehen und dadurch seine Entwicklung beeinflussen können. Versuche, sie nachzuvollziehen, dich in sie hineinzuversetzen, damit du mehr Sicherheit gewinnst und dein eigenes Erziehungsverhalten gut einordnen und unter Umständen auch verändern kannst.

VIER WEGE DER ERZIEHUNG

Du willst Bindung sicher gestalten und alle Bedürfnisse in der Familie in Einklang bringen. Aber das ist nur ein Schwerpunkt von vielen. Erziehung kann auch ganz anders aussehen, ganz andere Ziele verfolgen und Kinder anders beeinflussen.

Dir fallen sicher sofort Eltern ein, die ganz anders erziehen als du. Wenn man den Schwerpunkt auf Beziehung setzt, nennt die Pädagogik das „Demokratisches Erziehen". Das gilt unter Wissenschaftler*innen tatsächlich als sinnvollste Variante, da es für die Entwicklung der meisten Kinder am gesündesten zu sein scheint. Die Mischung aus elterlicher Autorität und liebevoller Zuwendung, aus Achtung des kindlichen Temperaments und Ansporn zum Selbermachen. Sind das die Beschreibungen, die du auch für dich auswählen würdest oder wenigstens als Zielsetzung hast? Das ist gut.

Was machen die Demokrat*innen unter den Eltern genau?

- Sie gehen mitfühlend in Beziehung und geben Sicherheit.
- Sie berücksichtigen flexibel die kindlichen und die eigenen Bedürfnisse.
- Sie lassen ihr Kind an Entscheidungen teilhaben und selbst aktiv werden.
- Sie übergeben dem Kind Mitverantwortung.
- Sie sind nicht grenzenlos, sondern bieten Orientierung, auch zur Integration in die Gesellschaft.

Sie begleiten ihr Kind **beziehungsorientiert**. Daher wähle ich diesen Begriff für die weitere Arbeit im Buch. Damit arbeiten Pädagog*-innen wie Eltern aktuell ohnehin am ehesten.

Damit du wirklich verstehen kannst, was die Beziehungsorientierung von anderen Wegen unterscheidet, zeige ich dir, wie Alternativen aussehen können. Dann kannst du auch gut einschätzen, ob du wirklich schon diesen Weg gehst.

Für ein besseres Verständnis vereinfache ich und lege mich auf vier Möglichkeiten fest. (Je nach Literatur gibt es noch eine detailliertere Aufteilung.)

Das bedeutet zum einen, dass dir vielleicht Eltern einfallen werden, die sich in keinem Bereich wirklich wiederfinden lassen. Vereinfachung ist es zum anderen, weil kein Elternteil es im Alltag schafft, seine Haltung stets konsequent an einen Weg anzupassen. Wir alle schwimmen zwischen den verschiedenen Erziehungsstilen hin und her, haben aber einen **Schwerpunkt**. Und um den geht es hier.

„Ich schaffe es noch zu selten, mir Zeit für mich zu nehmen, um meine Kraftreserven aufzutanken. Wenn ich selbst nicht gut auf mich achte, kommt es leider vor, dass ich die Kinder anmotze und auch mal laut werde. Manchmal schaffe ich es, mich dann zurückzuziehen, und sage den Kindern, dass ich kurz eine Pause brauche und gleich wieder für sie da bin. Eigentlich sehe ich meinen Erziehungsstil als möglichst zugewandt an.“ ***Ulla, 38***

Die Stile lassen sich an mehreren Aspekten festmachen, die wir mit folgenden Fragen herausarbeiten können:

- Wie geht der Elternteil mit dem Kind um?
- Woher nimmt er sich Sicherheit?
- Welche Rolle spielt Mitgefühl?
- Wie viel Orientierung gibt es für das Kind?
- Wie engagiert ist der Elternteil?
- Und zusätzlich interessant ist die Frage: Warum sind Eltern gerade so? (Die vielfältigen Ursachen kann ich hier nur anreißen, aber die Frage ist dennoch wichtig.)

Denkst du beim Lesen der Aspekte schon darüber nach, wie es bei dir ist? Oder fallen dir Menschen in deinem Umfeld ein, für die du die Fragen beantworten möchtest? Dann mach dir gerne erste Notizen und schau genauer hin, was dir auffällt.

Für jeden der vier von mir ausgewählten Erziehungstypen beantworte ich die oben aufgeführten sechs Fragen. Auch bei der Beschreibung der Typen nutze ich Vereinfachungen, damit das spätere Arbeiten damit sinnvoll möglich ist und du dich gut in jeden hineinversetzen kannst.

WIR ALLE GEBEN UNSER BESTES

Bitte beachte, dass keine Beschreibung als Verunglimpfung zu lesen ist, auch wenn manches überzeichnet wird und abwertend klingt. Alle Eltern, die bei der folgenden Arbeit mit dem Buch durch deinen Kopf geistern werden, haben Gründe für ihr Verhalten. Fast jeder oder jede von ihnen ist erst einmal überzeugt, sein oder ihr Bestes zu geben. Alle suchen **Sicherheit**!

ZU STRENG

Herrische Eltern

Der „Autoritäre Erziehungsstil“ ist der Typ, den herrische Eltern umsetzen. Es ist auch der, den Bowlby kannte und der ihn animierte, umzudenken: der typische Stil der Generationen unserer Großeltern und Urgroßeltern. Heute will in der Regel niemand mehr seine Kinder zu perfekten Befehlsempfänger*innen, zu kleinen Soldat*innen machen. Nur noch wenige Kinder wachsen hier bei uns in einem Umfeld auf, in dem ihnen schon im Babyalter keine Bezugsperson zur Verfügung steht, wie es kurz nach dem Zweiten Weltkrieg leider häufiger der Fall war. Doch die Grundzüge dieses Erziehungsstils und auch die dahinterliegende Haltung sind auch heute noch zu finden.

Was macht herrische Eltern aus?
Sammle auf einem Blatt erst einmal deine Gedanken zu dem Begriff. Wer war so in deinem Leben? Wen kennst du heute noch, die oder der sich so verhält? Was, denkst du, macht das mit einem Kind?

Verhaltensweisen herrischer Eltern

- Sie sind sehr streng, pochen strikt auf das Einhalten von Regeln und bestrafen nötigenfalls. Läuft es gut, gibt es auch mal ein Lob. Insgesamt herrscht viel Druck.
- Sie legen eine kühle Überfürsorglichkeit an den Tag.
- Kritik erfolgt von oben herab, beschimpfend und niedermachend, nicht helfend oder ermutigend. Fehler sind ein Drama. Sie arbeiten mit Angst.
- Sie misstrauen dem Kind und seinem Können tendenziell.
- Die Beziehung ist unpersönlich und distanziert. Es fehlt Wertschätzung dem Kind gegenüber. Die Erwachsenen stehen über ihm.
- Herrische Eltern suchen ein Gefühl von Sicherheit durch Macht.
- Gefühle haben nicht viel Raum. Dem Kind wird kein Mitgefühl entgegengebracht.

- Sie suchen die Schuld oft beim Kind.
- Es gibt Orientierung durch eine Vielzahl von Regeln. Willkür und Härte bei der Durchsetzung schaffen jedoch eher Desorientierung und Unsicherheit im Kind.
- Die Eltern sind engagiert, aber nicht bemüht um das kindliche Wohl, sondern zielen eher auf Leistung und Angepasstheit.

Vielleicht haben sie selbst als Kind nichts anderes erfahren und keinen guten Zugang zu ihren Gefühlen. Eventuell sind sie auch durch äußere Umstände sehr gestresst und ihnen fehlen Kapazitäten für einen kindzentrierten Umgang.

Minderwertigkeitsgefühle und Ängste, aber auch Aggressionen beim Kind sind möglich. Neueste Forschungsergebnisse zeigen sogar, dass diese Art der Erziehung ohne Mitgefühl die Entwicklung eines Kindes tiefgreifend schädigen kann, da bestimmte Bereiche des Gehirns in einigen Fällen infolgedessen schrumpfen. Dies betrifft insbesondere die Gefühls- und Angstverarbeitung.

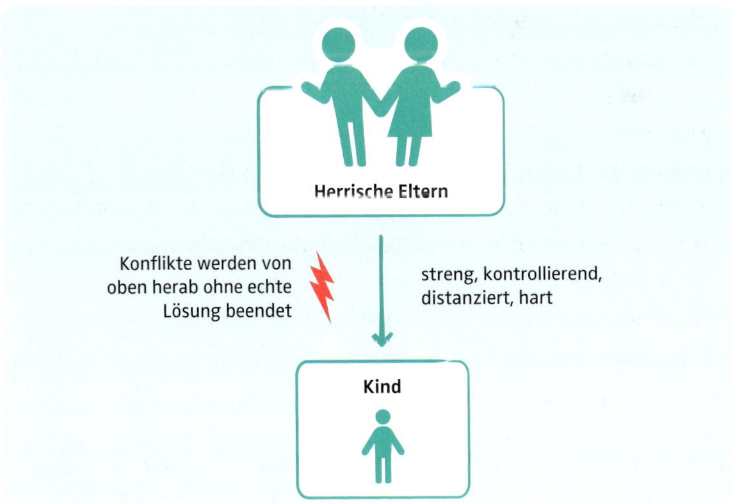

Herrische Eltern und ihr Kind

Ergänze deine Notizen eventuell. Kannst du dich einfühlen in solch eine Familie?

Wie diese Haltung sich im Alltag auswirken kann, verdeutlicht das folgende Beispiel:

PROBLEMLÖSUNG HERRISCHER ELTERN

Anne hat gestohlen und niemandem davon erzählt. Sie wollte so gerne die leuchtend rote Tasche haben, die ihre Freundin Luisa hat. Doch ihre Eltern haben ihr Kaufversprechen zurückgenommen, nachdem sie in der Mathearbeit nur eine 3 geschafft hatte. Da hat sie die Tasche der Freundin geklaut. Als Luisas Mutter vor der Tür steht und Annes Eltern zur Rede stellt, folgen schlimme Tage für Anne: Sie wird beschimpft, zu einer sofortigen Entschuldigung gezwungen, muss von ihrem Taschengeld eine Wiedergutmachung für Luisa kaufen und bekommt Hausarrest aufgebrummt. Die Mutter spricht drei Tage lang kein Wort mit ihr, denn sie ist entsetzt über solch ein Verhalten. Anne fühlt sich schlecht, schämt sich vor Luisa und denkt immer noch an die schöne Tasche. Als keiner hinschaut, schneidet sie ihrer Mutter ein kleines Loch in die Handtasche und hofft, sie wird so etwas Wichtiges verlieren.

Was ist hier passiert? Anne fühlte sich nicht gesehen in ihrem Wunsch. Ihre Eltern haben ihr die Ablehnung nicht nachvollziehbar erklärt, sondern mit ihrem angeblichen Versagen begründet, was ihrer Tochter ein sehr schlechtes Gefühl machte. Anne fühlte sich nicht nur übersehen, sondern auch niedergemacht. Hilflos tat sie das Einzige, was ihr in den Sinn kam, um ihren Wunsch zu erfüllen: Sie beklaute die Freundin.

Als alles ans Licht kam, reagierten Annes Eltern ohne jedes Einfühlungsvermögen. **Sie schauten nicht hinter das Verhalten** und versuchten nicht, zu verstehen, warum die Tasche Anne so wichtig war, sondern bestraften ihr Kind. Die Mutter übte durch ihr Schweigen, das einer Beziehungsverweigerung gleichkommt, sogar **psychische Gewalt** auf Anne aus, was häufig noch schädigender ist als Bestrafung. Dies kann in Kindern Schamgefühle erzeugen und langfristig die Beziehung zu den Eltern, aber auch zu anderen Mitmenschen schädigen. Denn die Erfahrungen, die Kinder mit ihren Eltern machen, nehmen sie auch mit in andere Beziehungen. Das passiert nicht beabsichtigt, sondern ganz automatisch. Und sie benötigen dann viel Kraft und Ausdauer, um sich langfristig statt mit Scham und Angst mit Vertrauen und Sicherheit in Beziehungen zu begeben. Doch zurück zu unserem Beispiel.

Die Tochter konnte nichts für sich mitnehmen: keine Unterstützung für den Umgang mit der Schulfreundin, keine Lösung und nicht mal Verständnis für ihren Taschenwunsch, keine Inspiration für eine nicht beschämende Lösung der Situation mit Luisa, keine Beziehungserfahrung. In ihr ist Wut auf die Eltern entstanden. Und sie hat keine Möglichkeit, sich konstruktiv mit ihrem eigenen Fehler zu befassen: Was kann sie für die Zukunft aus der Situation lernen? Wie kann sie mit der Freundin umgehen?

Erkennst du eventuell bestimmte Handlungsabläufe davon bei dir selbst gegenüber deinem Kind wieder? In welchen Situationen erlebst du das besonders? Was wäre anders, wenn du deinem Kind mehr Mitgefühl zeigen könntest?

Zumuten ohne Zugewandtheit!

Abwesende Eltern

Wenn ein Elternteil für ein Kind nicht wirklich greifbar ist, kann dies eine bewusste Entscheidung dafür sein, dem Kind jegliche Verantwortung für sich zu übergeben, zum Beispiel als klares Statement gegen autoritäre Erziehung. („Laissez-faire“ ist hier ein passender Begriff, der in den 1960er- und 1970er-Jahren oft als Abgrenzung zum herrischen Erziehen der Vorjahre gewählt wurde.) Abwesenheit kann aber auch ungeplant passieren, weil Elternschaft nicht engagiert angegangen wird oder nicht angegangen werden kann. Beides nimmt das Kind als Abwesenheit wahr. Es entsteht ein diffuses Gefühl, alleingelassen zu werden. Im Grunde sind auch abwesende Eltern auf ihre Art zu streng: nicht hinsichtlich Regeln und Strafen, sondern in Bezug auf Distanz und Desinteresse.

Was macht den oder die Abwesende aus? Notiere dir, was dir zu dem Begriff einfällt. Kanntest du als Kind solch eine Person? Wer in deinem Umfeld zeigt sich heute noch so? Was, denkst du, macht das mit einem Kind?

Verhaltensweisen abwesender Eltern

- Diese Eltern sind manchmal sogar freundlich. Sie geben ihrem Kind wenig bis keine Vorgaben, setzen also keine Grenzen und verdeutlichen nicht die Bedürfnisse, die andere Menschen haben. Sie helfen maximal auf Nachfrage. Regeln sind unklar. Das kann bis hin zur Vernachlässigung gehen.
- Dem Kind wird viel Eigenverantwortung zugetraut oder es wird ohne tieferes Nachdenken sehr sich selbst überlassen.
- Die Beziehung ist unpersönlich und distanziert. Es fehlt Verbindung.
- Abwesende Elternteile suchen ein Gefühl von Sicherheit in einer Art Resignation, eventuell von Anfang an als „gar nicht erst Antreten der Elternaufgabe“.

- Gefühle sind kein großes Thema. Dem Kind wird kein Mitgefühl entgegengebracht.
- Es fehlt an Orientierung.
- Es fehlt an Engagement.
- Schuld ist nicht relevant, Lösungen aber auch nicht.

Vielleicht kann der Elternteil aus nachvollziehbaren Gründen wie einer Überforderung oder eigenen Entwicklungsdefiziten nicht anders reagieren. Eventuell wird das Kind auch überschätzt in seiner Eigenständigkeit.

Das Kind solcher Eltern(teile) kann Probleme mit dem Beziehungsaufbau und der Anpassung an herausfordernde Situationen entwickeln. Es ist unter Umständen stark angewiesen auf ein qualitativ gutes, entwicklungsförderndes Umfeld außerhalb der Familie. Fehlt auch hier die nötige Stütze, könnten sich im schlechtesten Fall starke Mängel in der Problembewältigung ergeben, das Kind könnte leichter unter Druck von Fremden leiden und in Süchte verfallen. Insgesamt sind Entwicklungsverzögerungen und -störungen oder auch Lernbeeinträchtigungen eher möglich.

Füge deinen Notizen aus dieser Auflistung hinzu, was noch fehlte.

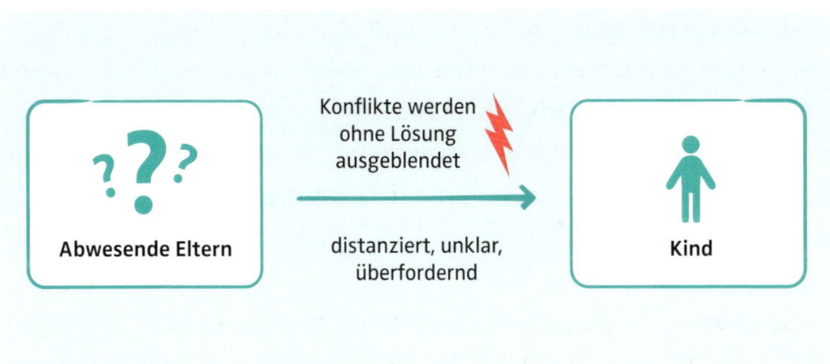

Abwesende Eltern und ihr Kind

Um dich auch gut in solch eine Situation einzufühlen, hilft dir die folgende Abwandlung des ersten Beispiels:

PROBLEMLÖSUNG ABWESENDER ELTERN

Anne hat gestohlen und niemandem davon erzählt. Sie wollte so gerne die leuchtend rote Tasche haben, die ihre Freundin Luisa hat, doch ihre Eltern haben ihren Wunsch nicht wirklich wahrgenommen. Da hat sie die Tasche der Freundin geklaut. Als Luisas Mutter vor der Tür steht und Annes Eltern zur Rede stellt, dreht der Vater sich zu seiner Tochter um und fordert sie auf, das zu regeln, bevor er wieder zurück ins Wohnzimmer geht. Luisas Mutter ist verwundert und nimmt die Tasche fast wortlos von Anne an. Schließlich drückt sie dem Kind gegenüber noch Enttäuschung aus und geht. Anne schämt sich vor Luisa und meidet die Freundin danach. Sie versucht, ihren Eltern von der Tasche zu erzählen, doch die Mutter sagt beim Abendessen nur: *„Ist gut, hast du doch geklärt. Lass das Thema mal."* Eine Woche später nimmt Anne sich fast das ganze Geld aus dem Münzsammelglas im Flur und kauft sich die Tasche ohne weitere Rücksprache allein.

Was ist hier geschehen? Anne hat spontan reagiert und sich ihre Lust auf die Tasche erfüllt, indem sie diese ihrer Freundin wegnahm. Als Luisas Mutter das klären wollte, wurde das Mädchen **allein gelassen.** Sie konnte gar nicht richtig erkennen, dass etwas falsch war oder dass es besonders wichtig gewesen wäre, anders zu reagieren. Der Diebstahl ist nicht relevant für Anne. Nur ihrer Freundin gegenüber fühlt sie sich unwohl, weiß sich aber nicht zu helfen und meidet daraufhin den Kontakt.

Anne kann ihre Gefühle nicht richtig einordnen. Sie denkt wieder an die Tasche und sucht allein nach einer Lösung. Das Geld im Münzglas wird eigentlich für kleine Lebensmitteleinkäufe genutzt, aber so richtig erklärt wurde ihr das auch nicht. Also nimmt sie es sich und erfüllt sich den Taschenwunsch.

Das Mädchen kann gar nicht richtig verstehen, was da alles passiert ist und hat vielleicht auch Schwierigkeiten mit Begriffen wie „Recht und Unrecht", „meins und deins". **Sie sucht gar keine Hilfe mehr** bei ihren Eltern und regelt die Dinge allein, so wie es ihr möglich ist. Fordernde Beziehungen lässt sie lieber auslaufen.

Erkennst du eventuell bestimmte Handlungsabläufe davon bei dir selbst gegenüber deinem Kind wieder? In welchen Situationen erlebst du das besonders? Was wäre anderes, wenn du deinem Kind mehr Mitgefühl und mehr Orientierung geben könntest?

Keine Zugewandtheit, kein Zumuten!

Verwöhnend überfürsorgliche Eltern

ZU ENG

Als überfürsorglich oder überbehütend (also als der viel beschworene „Helikopter") können auch herrische Eltern bezeichnet werden, aber das Verhalten ist dann geprägt von Strenge, Härte und Kontrolle. Verwöhnend überfürsorglich hingegen ist etwas anderes: liebevoll gemeinte Enge ohne Strenge. Hier steht das Elternteil nicht distanziert über dem Kind, sondern eher hilflos *daneben*.

Eingangs habe ich bereits erzählt, dass der Wunsch, auf jeden Fall nicht hart, distanziert und autoritär zu handeln, Eltern manchmal dazu bringen kann, zu beschützend um ihr Kind zu kreisen. Wenn sie sich bemühen, alles Negative von ihm fernzuhalten und es liebevoll zu begleiten, ohne ihm wirklich Raum zum Erkunden der Welt und auch für Fehler zu lassen, sind Eltern zu eng an ihrem Kind. Belastungen werden vermieden, Wünsche ständig erfüllt. Dies geschieht oft aus Angst vor Auseinandersetzungen: Harmoniesucht und Konfliktscheue bestimmen das Handeln. Es ist **zu viel des Guten.**

Gute Beziehung braucht aber Begegnung und Diskussion in echtem Miteinander. Sichere Bindung benötigt Leitplanken und dazwischen viel Platz, damit das Kind Orientierung hat und selbst anzeigen kann, ob es Unterstützung braucht oder allein loslegen möchte. Gut gemeint ist in dem Fall nicht gut gemacht. Infolgedessen kann das Kind sich im Leben oft eher schlecht allein zurechtfinden, denn es ist eine kontinuierliche, zu enge Begleitung gewöhnt. Bewältigungskompetenz fehlt. Außerdem hat es eher selten die Bedürfnisse anderer Menschen gut im Blick.

Was macht verwöhnend überfürsorgliche Elternteile aus? Schreib deine Gedanken nieder. Wer war in deiner eigenen Kindheit so? Wen kennst du heute noch, die oder der sich so verhält? Was, denkst du, macht das mit einem Kind?

Verhaltensweisen verwöhnend überfürsorglicher Eltern:

- Ein verwöhnend überfürsorglicher Elternteil fällt durch Übervorsicht auf. Oberflächlich kann dies noch sehr achtsam wirken und wird oft liebevoll ausgelebt. Doch ihm fehlt es an Empathie, er nimmt nicht wahr, was das Kind benötigt, mutet ihm nichts zu. Aus falsch verstandener Fürsorge wird so ein Verwöhnen in ungesundem Maß. Es entsteht Schaden.
- Diese Eltern holen sich Sicherheit durch erzwungene Harmonie in möglichst allen Lebensbereichen. Sie überfordern letztendlich ihr Kind und auch sich selbst damit. Diese starke elterliche Präsenz kann sich unter Umständen bis ins Erwachsenenalter ziehen.
- Entgegen des ersten Eindrucks haben verwöhnend überfürsorgliche Eltern kein gutes Mitgefühl für ihr Kind. Denn sie achten nicht darauf, welche Signale es aussendet, sondern entscheiden nach ihren eigenen Gefühlen. Die Eltern sind übermäßig stark engagiert, dabei aber zu ichbezogen.

- Sie geben dem Kind eher zu viele Hilfsangebote und unterschätzen sein Können. Sie bieten wenig Orientierung.
- Die Schuld für Probleme wird im Alltag oft bei anderen gesucht.

Vielleicht rührt das verwöhnend überfürsorgliche Verhalten daher, dass die Eltern sich bewusst gegen distanzierte Autorität entscheiden. Der Gegenentwurf wird aber doch wieder eine Art Distanz, da das Mitgefühl nicht echt ist. Diese Art der Begleitung schenkt Erwachsenen ein Gefühl der Anerkennung, weil sie sich so stark einbringen. Eventuell steckt auch ein nicht so gutes Selbstwertgefühl dahinter, das durch dieses Engagement unterfüttert wird. Das Kind wird teilweise unbeabsichtigt verpflichtet, die Eltern zu lieben.

Kinder aus verwöhnend überfürsorglichen Elternhäusern können ihre Persönlichkeit eher nicht gut ausbilden, können egozentrisch bleiben und erwarten öfter Hilfe als andere.

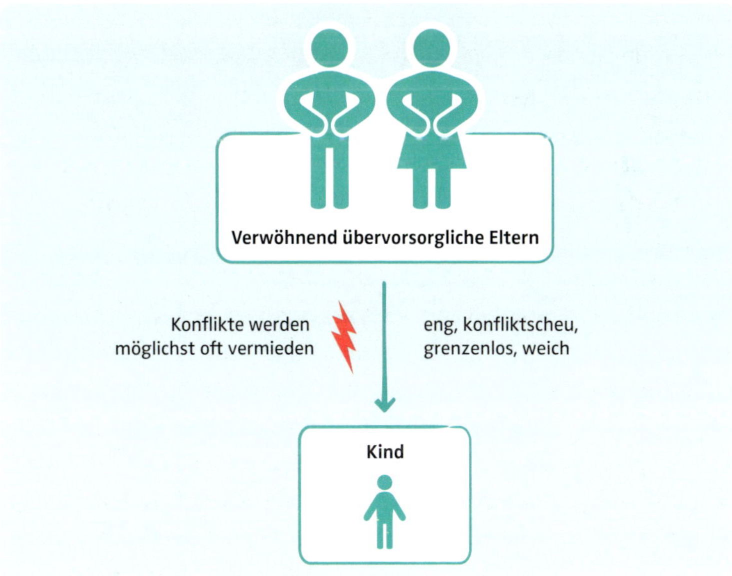

Verwöhnend überfürsorgliche Eltern und ihr Kind

Ergänze gegebenenfalls deine Notizen. Kannst du dich in diese Familie einfühlen?

Was verwöhnende Überfürsorge tatsächlich bedeutet, merkst du im nun folgenden Beispiel:

PROBLEMLÖSUNG VERWÖHNEND ÜBERFÜRSORGLICHER ELTERN

Anne hat gestohlen und niemandem davon erzählt. Sie wollte so gerne die leuchtend rote Tasche haben, die ihre Freundin Luisa hat. Ihre Eltern haben ihr den Wunsch sofort erfüllt, aber Annes Exemplar hatte eine unschöne Verfärbung, weshalb sie es heimlich mit Luisas ausgetauscht hat. Als Luisas Mutter vor der Tür steht und Annes Eltern zur Rede stellt, weisen die Eltern den Vorwurf des Diebstahls von sich und stellen das Geschehene als Irrtum dar. Anne gibt die Tasche schließlich nach langem Diskutieren zurück, weil ihre Eltern Streit vermeiden möchten, aber muss sich nicht erklären oder entschuldigen. Annes Vater denkt darüber nach, dass seine Tochter sich eine andere Freundin suchen sollte. Die Mutter beschwert sich beim Verkäufer der Tasche und fordert ein schöneres Exemplar. Anne gefällt die neue Tasche wieder nicht und sie benutzt sie nie.

Was ist hier passiert? Anne ist es gewohnt, jeden Wunsch erfüllt zu bekommen und kennt wenig Grenzen, sodass sie keine Hemmung hat, der Freundin etwas wegzunehmen. Ihr Fehlverhalten wird von ihren Eltern ignoriert und die fremde Familie wird beschuldigt. In Folge soll der Kontakt dorthin gemieden und dem Kind nun doch sein Wunsch nach einem mängelfreien Exemplar erfüllt werden, **ohne mit ihm in den Austausch** zu gehen, wie eine gute Problemlösung aussehen könnte. Anne lässt sich ganz darauf ein, was ihre Eltern vorgeben, **kann den erfüllten Wunsch aber kaum wert-**

schätzen. Zwischen Kind und Eltern zeigt sich Beziehungslosigkeit. Anne wird nicht zugemutet, etwas zu schaffen, und sie erhält so keine Leitlinien zur Orientierung in der Welt. Dabei umfasst ein Grundbedürfnis nach Sicherheit auch, die Umwelt eingeordnet zu bekommen und nicht nur geschützt zu werden.

Erkennst du eventuell bestimmte Handlungsabläufe davon bei dir selbst gegenüber deinem Kind wieder? In welchen Situationen erlebst du das besonders? Was wäre anders, wenn du mehr loslassen könntest? Was wäre ein möglicher erster Schritt in Richtung Veränderung?

Zugewandtheit ohne Zumuten!

Beziehungsorientierte Eltern

Auch ein beziehungsorientierter Elternteil stellt sich gegen autoritäres Erziehen. Aber er ist wirklich mitfühlend und dabei anwesend, engagiert, setzt Grenzen, versucht die Bedürfnisse aller Seiten zu sehen und sie dem Kind deutlich zu machen. Das Verhältnis zum Kind ist ein warmes und wertschätzendes, in dem es Angebote statt Zwänge, Kompromisssuche statt Gesetze und viel Raum für Freiheiten und Eigenverantwortung des Kindes gibt. Kommunikation wird großgeschrieben und Gefühle sind wichtig. Auseinandersetzungen sind täglich Brot. Beziehungsorientierte Eltern sehen ihr Kind, aber geben ihre Leitungsposition nicht auf. Sie leben sie zugewandt aus. Es ist Raum da, um zu verwöhnen und um Grenzen zu ziehen. **Nicht zu streng und nicht zu eng!**

Die Beziehungsorientierung erfordert viel Kraft und Zeit, aber diese Eltern versuchen zu haushalten und auch die Selbstfürsorge nicht zu vergessen, um das Familiensystem in Balance zu halten.

Was macht beziehungsorientierte Eltern aus? Was fällt dir alles dazu ein? Gab es solche Personen als du klein warst? Wer in deinem Umfeld ist heute so? Was, denkst du, macht das mit einem Kind?

Verhaltensweisen beziehungsorientierter Eltern:

- Die Eltern sind bemüht, die Bedürfnisse hinter dem Verhalten des Kindes zu sehen und ihm zu vertrauen. Sie möchten Konflikte mit dem Kind gemeinsam lösen. Empfundene Anstrengung wird diese Mutter oder dieser Vater immer wieder in Worte fassen und versuchen, den Alltag entsprechend anzupassen.
- Beziehungsorientierte Eltern geben der kindlichen Entwicklung Raum und Zeit und schaffen Gelegenheiten, in denen das Kind sich ausprobieren und ruhig Fehler machen darf. Sie muten ihm Herausforderungen zu.
- Die Eltern suchen sich Sicherheit über Vertrauen ins Kind und bewältigen Herausforderungen auf erwachsene Weise, indem sie zuerst bei sich nach Veränderungsmöglichkeiten suchen, wenn etwas in Schieflage gerät.
- Die ganze Familie ist wichtig, aber sie nimmt auch die Belange anderer mit in den Fokus. Die Eltern sorgen für ein gesundes Miteinander und geben Orientierungshilfe für den breiten Weg. Es ist Platz für teilweise langwierige Meinungsverschiedenheiten.
- Das Kind ist nicht gleichrangig mit den richtungsweisenden Eltern, aber gleichwertig. Es darf Respekt erwarten und keine Abwertung, nur weil es jünger ist.
- Diese Eltern zeichnen sich durch großes Mitgefühl mit dem Kind aus.
- Schuld ist in Konflikten nicht relevant, sondern Lösungen.
- Sie helfen dem Kind, Motivation in sich selbst zu finden und Bewältigungsstrategien für Herausforderungen zu erlernen. Die Eltern bemühen sich darum, Selbstvertrauen im Kind wachsen zu lassen, sodass es nach und nach ohne Begleitung zurechtkommen kann.

Die Beziehungsorientierung wird zur inneren Haltung, wenn Eltern in ihrer eigenen Kindheit Ähnliches erfahren durften oder aber wenn sie sich bewusst und erarbeitet gegen das stellen, was sie kennen.

Die gute Beziehung ist Prophylaxe: Das so begleitete Kind wird eher stark sein bei Gruppendruck oder Suchtmitteln und sich wahrscheinlich auch psychisch gesund entwickeln. Es wird Krisen vermutlich immer besser allein bewältigen beziehungsweise sich unproblematisch und sozial kompetent notwendige Hilfe suchen können.

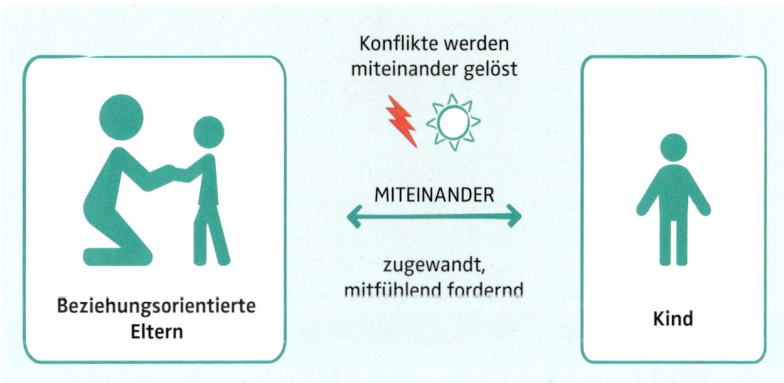

Beziehungsorientierte Eltern und ihr Kind

Hiermit kannst du deine schriftlichen Gedanken abschließend ergänzen.

Und auch hierzu gibt es eine Version des Beispiels:

PROBLEMLÖSUNG IN BEZIEHUNG

Anne hat gestohlen und niemandem davon erzählt. Sie wollte so gerne die leuchtend rote Tasche haben, die ihre Freundin Luisa hat, doch ihre Eltern sind zurzeit sehr gestresst, sodass sie nicht wirklich eine Gelegenheit fand, ihnen davon zu erzählen. Da hat sie die Tasche der Freundin geklaut. Als Luisas Mutter vor der Tür steht und Annes Eltern zur Rede stellt, entscheidet der Vater, dass sie als Familie das Thema erst einmal allein besprechen möchten, und bittet die Frau um Verständnis. Im Anschluss fragen die Eltern Anne, was genau hinter den Vorwürfen steckt. Anne schämt sich und weint, aber kann nach einigen Minuten zu ihrem Handeln stehen. Sie holt die Tasche aus ihrem Zimmer und bittet die Eltern, sie Luisa zurückzugeben. Doch Annes Mutter legt die Tasche zur Seite, nimmt ihre Tochter in den Arm und fragt erst einmal genauer nach: *„Was ist passiert? Was hast du gefühlt? Brauchst du Hilfe?"* Sie führen ein langes Gespräch, in dem auch die Eltern sich erklären können, und beschließen, wieder mehr auf gemeinsame Gesprächszeiten mit Anne zu achten. Am Ende entscheiden die drei gemeinsam, dass es eine gute Idee ist, wenn Anne Luisa anruft und ihr alles erzählt. Das fällt Anne nicht leicht, aber sie schafft es und formuliert sogar eine Entschuldigung. Für den Taschenkauf vereinbaren die Eltern mit ihr einen Sparplan und geben etwas dazu.

Ob Luisa die Entschuldigung annehmen und die Mädchen ihre Freundschaft fortsetzen können, ist nicht klar. Beziehungsorientierung führt nicht automatisch zu Sonnenschein an allen Fronten. Und doch ist der Ablauf hier gelungener als in den vorherigen Versionen. Warum? Was ist hier anders?

Annes Eltern stehen zu ihrem Kind. Sie klären intensiv, was vorgefallen ist und **bemühen sich, alles zu verstehen**. Anne hat **Raum, all ihre Gefühle zu zeigen**, sich zu äußern, genau zu überlegen, wie sich die Problematik lösen lässt. Und sie bekommt dabei **gute Unterstützung.**

KINDER NICHT ÜBERFORDERN

Das genaue Fragen danach, was hinter dem Verhalten des Kindes steckt, muss ans Alter und den Sprachstand des Kindes angepasst sein. Hier kann der Wunsch nach beziehungsorientierter Haltung manchmal zur Überforderung des Kindes führen. Darum ist es wichtig, sich genau über die geistige Entwicklung von Kindern zu informieren, beispielsweise in den bereits erwähnten Büchern vom „Gewünschtestes Wunschkind"-Team.

Außerdem schaut die Familie zusammen hin, was im Alltag nicht so gut lief, sodass es überhaupt zu Annes Fehlverhalten kam. Keiner ist schuld. Alle nehmen ihre Beteiligung am Verlauf an und wollen daran arbeiten.

Welche Handlungsabläufe davon hast du schon in dein Erziehungsverhalten integriert? Wo hast du Probleme? An welchen Stellen gibt es Spannungen, weil dein Partner oder deine Partnerin anders vorgeht? Mach dir Notizen dazu, was deine/eure Themenfelder sein könnten.

Zugewandtes Zumuten – und aktives Annehmen

BEZIEHUNGSORIENTIERUNG ALS GRUNDHALTUNG

Vergiss nicht: Niemand kann das immer so leisten. Es geht nicht um To-dos wie: *„Sei immer zugewandt!“*, *„Erkenne immer das Bedürfnis hinter einer Handlung!“* oder Ähnliches. Beziehungsorientierung meint, eine Grundhaltung in sich zu tragen, die Kinder nicht diskriminiert sowie ihnen nicht abspricht, kooperieren und wachsen zu wollen. Sie beinhaltet, dass man da ist, begleitet, aber auch sagen kann, wenn Kraft fehlt oder das Kind etwas selbst in die Hand nehmen sollte. Sie umfasst auch, dass wir Großen im Nachhinein den Kontakt zu den Kindern suchen, wenn wir etwas im Eifer nicht gut gelöst haben. Dazu gehört auch, immer als erstes den Blick auf sich selbst zu richten und unter Umständen Hilfsmöglichkeiten in Anspruch zu nehmen, um den fordernden Alltag in guter Beziehung bewältigen zu können. Das meint nicht, dass wir auf Schuldsuche gehen sollen, sondern auf die Suche nach Lösungen. Schuld ist kein hilfreiches Konzept, um in Beziehungen etwas zu verändern.

Und nun?

Jetzt kennst du überspitzte und damit sehr klar umrissene Darstellungen für vier typische, dabei sehr unterschiedliche Erziehungstypen: zu streng, teilnahmslos abgewandt, zu eng und in guter Beziehung. Du konntest dich einfühlen, wo diese Haltungen vielleicht herkommen. Du ahnst, wie sie sich im Alltag auswirken und was die jeweilige Art der Begleitung für ein Kind bedeuten kann. Nun sollst du dieses Wissen anwenden und zwei verschiedene Kinder auf ihrem Entwicklungsweg begleiten: von der Babyzeit bis zum Grundschulalter. Die ersten wichtigen Jahre. Das wird dir mehr Sicherheit geben: in deinem eigenen Verhalten und auch in Argumentationen mit Eltern, die anders erziehen.

ALLE WEGE GEHEN

*Die folgenden Gedankenspiele haben bereits etliche Eltern, Erzieher*innen, Lehrkräfte und andere Menschen, die mit Kindern arbeiten, durchgeführt. Sie können sich dadurch noch besser in das einfühlen, was sie in der Beziehung zu Kindern wollen und was sie nicht wollen. An diesen Punkt wirst du auch kommen. Außerdem hilft dir die Reise dabei, dein Kind selbst besser zu verstehen und hinter seine Verhaltensweisen zu blicken. Denn sehr viel hängt nicht nur vom Wesen des Kindes ab, sondern auch davon, welche Begleitung und Unterstützung es bislang erfahren hat. Anders ausgedrückt: welchem Erziehungsstil es begegnet ist.*

Für die Arbeit in diesem Kapitel brauchst du Ruhe, Zeit, Papier und Stift. Du kannst einzelne Kapitel bearbeiten oder alles in einem Rutsch. Du kannst dich nur für einen Erziehungsstil entscheiden oder nur für ein kindliches Temperament. Wichtig ist, dass du zuvor auf jeden Fall die vier Wege im vorangegangenen Kapitel bearbeitet hast und die Notizen dazu verwenden kannst. An wichtige Eckpunkte erinnere ich dich aber auch im jeweiligen Arbeitsschritt.

ES GIBT KEINE GARANTIEN, ABER WAHRSCHEINLICHKEITEN

Denk daran: Um die möglichen positiven und negativen Auswirkungen des Erziehungsverhaltens zu verdeutlichen, habe ich die Situationen vereinfacht. Niemand kann voraussagen, welche „Ergebnisse" ein Erziehungsstil konkret bringt, aber wir können über Wahrscheinlichkeiten und Tendenzen reden.

Gedankenspiele

Marie und Elias – so heißen die beiden sehr verschiedenen Kinder, deren Entwicklung wir uns in Abhängigkeit von den vier verschiedenen Erziehungsstilen nun genauer anschauen werden.

Marie ist ein wildes Kind, Elias ein schüchternes. Je nachdem in welchem Umfeld sie aufwachsen, entwickeln sie sich wahrscheinlich in bestimmte Richtungen und zeigen vermutlich spezielle Probleme. Schau mit mir hin, ob sie bekommen, was sie brauchen, und wie sie reagieren!

Die Kinder

Elias kommt mit einem schüchternen Temperament zur Welt. Man merkt ihm schon als Baby an, dass er eher zögerlich reagiert, wenn er in ein neues Umfeld gelangt, zu viele Personen anwesend sind oder er etwas Neues ausprobieren könnte. Er braucht ...

- die Sicherheit einer guten Bezugsperson und vermehrt Zeit für seine Entwicklungsschritte.
- mit steigendem Alter ein feinfühliges Schubsen, um Herausforderungen anzugehen und immer besser eigenständig lösen zu können.
- zugewandtes Zumuten!

ZUGEWANDT „SCHUBSEN"

„Schubsen" ist hier immer als sensibles, zugewandtes Zumuten zu verstehen. Als ein Ermöglichen von kleinen Herausforderungen und Gelegenheiten für ein Kind, damit es lernt, die Welt zu erkunden.

Schubse niemals mit Härte oder ohne Mitgefühl. Formuliere motivierend: *„Wir probieren das gemeinsam aus!"* statt verurteilend *„Jetzt stell dich nicht so an!"*

Marie ist ganz anders als Elias. Sie ist bereits im Krabbelalter eindeutig forsch und mutig. Es können gar nicht ausreichend Reize auf sie einströmen. Sie möchte überall dabei sein, geht manchmal etwas grenzenlos auf andere zu und ist vielen Menschen immer mal wieder ein wenig zu ungestüm. Ein wildes Kind! Marie braucht ...

- ebenso wie Elias eine sichere Bezugsperson, die sie begleitet. Aber sie benötigt natürlich keine Schubser.
- vor allem Hilfe bei der Regulation: Wie kann sie gut auf andere zugehen? Wie kann sie ihre Gefühle ausleben, ohne andere zu bedrängen? Wie kann man ihr helfen, wenn sie durch Schreien oder Weinen zeigt, dass sie sich zu viele Reize zugemutet hat?
- aktives Annehmen!

Insgesamt zeigt Marie auch etwas mehr Selbstsicherheit und Bewältigungskraft als Elias, kann also Ablehnung und Unsicherheit besser bewältigen und sich beispielsweise eher eine andere Bezugsperson suchen, wenn die bevorzugte nicht verfügbar ist.

Erinnert dich eine der Beschreibungen an dein Kind? Dann kannst du dich ruhig zuerst auf diesen Weg konzentrieren.

Zum Weiterlesen

Du möchtest grundsätzlich mehr darüber wissen, wie die Begleitung eines schüchternen oder eines wilden Kindes aussehen sollte? Dann lies in meinen Ratgebern „Mein wunderbares schüchternes Kind" beziehungsweise „Mein wunderbares wildes Kind" nach.

Die Situationen

Du begleitest Elias und Marie durch ihre ersten Lebensjahre und schaust ihnen in verschiedenen Momenten zu:

- Zuerst siehst du sie im Alter von etwa neun Monaten in einem Eltern-Kind-Kurs, in dem sie sich ihrem Wesen entsprechend verhalten.
- Dann begegnest du ihnen wieder im Alter von vier Jahren: bei einem Wutanfall im Supermarkt. Hier spürst du immer noch ihr Temperament, aber auch die Erfahrungen, die sie schon gemacht haben.
- Und schließlich triffst du zu Beginn der Grundschulzeit erneut auf beide Kinder: an einem Tag, an dem ihnen die Hausaufgaben so gar keine Freude machen wollen.

Je nachdem, was für ein Elternteil Elias oder Marie gegenübersteht, fällt die Reaktion anders aus: Ein herrischer Elternteil wird anders reagieren als ein abwesender und der verwöhnend überfürsorgliche wird dem Kind etwas anderes anbieten als der beziehungsorientierte. Das Kind wird sich entsprechend seiner Möglichkeiten und seines Temperaments dieser Art des Erwachsenen möglichst anpassen, denn es möchte die Beziehung nicht gefährden. Mit steigendem Alter ist das Verhalten dann immer eindeutiger und gefestigter.

ANPASSUNG

Beachte auf dem Weg mit Elias und Marie, dass es ganz normal ist, dass sie sich ihren Eltern anpassen.

Kennst du das noch von dir als Kind? Ein Erwachsener verhielt sich unangenehm, unerwartet, unsicher oder erschreckend und du hast versucht, dich dieser Art anzugleichen? Beim polternden Lehrer warst du eher still, bei der abwesenden Tante hast du vorsichtig versucht, in Kontakt zu kommen? Kinder wollen Bezugspersonen, denn sie brauchen sie für ihren Lebensweg. Sie sind sozial kompetent und darauf gepolt, dies möglichst nicht zu gefährden. Sie passen sich an, besonders zu Hause, an das elterliche Erziehungsverhalten und die Erwartungen. Auch Elias und Marie.

Warum gibt es dann dennoch Kinder, die ausflippen, brüllen, Spielzeugautos werfen oder in der Buchhandlung wegrennen? Wenn der Stress durch diese Anpassung zu groß wird, können sie sich nicht mehr anpassen und wählen eine heftige Lösungsstrategie. Je jünger ein Kind ist, desto kürzer ist die Zündschnur bis zu diesem Punkt. Und wenn Anpassungsleistungen zu intensiv und Stressreaktionen dauerhaft heftig ausfallen, nimmt ein Kind Schaden in seiner Entwicklung. Es lernt keine guten Strategien für den Umgang mit Herausforderungen und hat keinen Raum, seine Persönlichkeit gesund zu entfalten.

Denk daran, wenn du die Wege mitgehst. Denn manchmal erleben Elias und Marie genau das.

Selbstverständlich lässt sich nie voraussagen, welchen Weg die Entwicklung eines Kindes tatsächlich nehmen wird. Dafür sind in der Realität zu viele Faktoren beteiligt, die hier nicht sinnvoll berücksichtigt werden können. Wir sprechen über Wahrscheinlichkeiten bei den Entwicklungsverläufen der Kinder. Aber das Erziehungsverhalten der Eltern ist natürlich ein stark wirkender Faktor.

Hinweis!
Bitte nimm dir Zeit, die Situationsbeschreibung jeweils genau zu lesen. Der gesetzte Rahmen ist jeweils ähnlich und manches wiederholt sich, im Detail gibt es aber doch wichtige Unterschiede. Das immer wieder neue Nachlesen hilft dir dabei, dich genauer einfühlen zu können.

Elias, der Schüchterne

Herrische Eltern – Spielgruppe

Elias und seine Mutter gehen seit einiger Zeit einmal pro Woche in eine Spielgruppe. Hier sind acht weitere Kinder mit je einem Elternteil. Die Gruppenleitung hat in einer Turnhalle aus Motorik-Elementen einen kleinen Parcours aufgebaut. Mittig stehen mehrere Lochkartons, aus denen die robbenden und krabbelnden Kinder Bauklötze und andere Dinge herausholen oder zurücksortieren können. Alle teilnehmenden Kinder sind zwischen acht und zehn Monaten alt.

Elias ist seit Kurzem in der Fremdelphase. Seine Mutter empfindet das als außergewöhnlich anstrengend, weil weder ihr Mann noch die Großeltern ihr das Kind auch nur kurz abnehmen können, ohne dass er herzzerreißend nach ihr schreit. Heute erhofft sie sich eine Pause durch das ablenkende Spielmaterial in der Gruppe.

Sie kommt in den Raum, als schon einige Eltern und Kinder dort sind. Die Babys spielen bereits an den Aufbauten. Sie streift ihre Schuhe ab, setzt Elias in die Mitte der Spielzeuge und geht an den Rand zu einer Bekannten, um zu erzählen, wie es ihr gerade geht.

Elias blickt sich um und fühlt sich unwohl. Seine Mutter ist zu weit weg, die anderen Kinder wirken aufdringlich auf ihn. Ihm fehlt die nötige Sicherheit, um auf Entdeckungstour zu gehen. Elias fängt an zu weinen und krabbelt zu seiner Mama, die gleich die Augen verdreht: *„Da bist du ja schon wieder!“*

Überlege und notiere:

- Was braucht das Kind?
- Was macht die herrische Mutter?
- Wie beeinflusst diese Reaktion das Kind?
- Welche Strategien nimmt es sich mit?
- Was geschieht womöglich mit seinem Selbstwert, wenn es ständig eine herrische Bezugsperson erlebt?

Denk daran: Herrische Eltern suchen sich Sicherheit über Macht und Kontrolle. Sie arbeiten mit Angst und Distanz.

Bist du den Weg im Kopf nachgegangen und hast dir Notizen gemacht? Dann vergleiche deine Gedanken mit der Lösung:

Lösung

Der schüchterne Elias benötigt intensive Sicherheit. Er kann nicht von jetzt auf gleich mit einer derartigen Situation zurechtkommen, in der viele neue Eindrücke auf ihn einprasseln. Seine Mutter wird vielleicht genervt sein, dass er sich schon wieder an sie klammern möchte. Sie begleitet ihn nicht in den Moment hinein, sondern strahlt Unmut aus. Vielleicht spricht sie sehr abwertend mit ihm, was schon durch Körpersprache und Stimmlage transportiert werden kann. Es fallen möglicherweise Sätze wie: *„Lass mich doch jetzt mal in Ruhe!“* oder *„Oh, kommst du schon wieder, spiel doch auch mal mit den anderen Kindern!“* Sie tröstet ihn eher nicht liebevoll und zwingt ihn rasch zurück in die Spielsituation oder aber ignoriert seine Bindungssuche an ihrem Platz und führt ihr Gespräch weiter.

Das heißt für Elias, dass er weder Sicherheit bekommt noch einfühlsam ermutigt wird, seine Umgebung zu erkunden. Bestimmte Lernvorgänge werden gehemmt. Der Junge wird sich dieser Art anpassen, wenn er sie ständig erlebt: entweder durch Verstärkung seiner Bindungssuche, also vermehrtes Weinen und Klammern, oder aber in Form von Rückzug von der Mutter. Elias ist vielleicht das Kind, das über kurz oder lang doch allein in der Mitte sitzt und spielt, weil ihm nichts anderes übrigbleibt.

Beobachter*innen werden ihn womöglich als liebes, glückliches Kind beschreiben, aber innerlich sieht es anders aus; denn Bedürfnisse bleiben unerfüllt und das Stressempfinden ist groß. Vielleicht explodiert er irgendwann. Auf Dauer ist sein Selbstwertgefühl angeknackst.

Herrische Eltern – Supermarkt

Elias ist inzwischen vier Jahre alt. Mit seiner Mutter ist er einkaufen, nachdem sie ihn aus dem Kindergarten abgeholt hat. Er ist müde und hungrig. Sie hat ihn in den Einkaufswagen gesetzt, damit sie Elias in Sicherheit weiß. Die Mutter hetzt durch die Gänge und sucht alle Dinge zusammen, die auf ihrem Zettel stehen. Auch sie ist k.o. und möchte rasch zum Abendessen nach Hause. Als sie das zweite Mal ablehnt, dass Elias sich etwas am Regal aussuchen darf, ist bei dem Jungen alles an Geduld und Kooperationsbereitschaft aufgebraucht. Er steht im Wagen auf, stampft, fängt an zu weinen und greift nach seiner Mutter, die ihn abwehrt: *„Bleib doch einfach mal sitzen!“*

Überlege und notiere:

- Was braucht das Kind?
- Was macht die herrische Mutter?
- Wie beeinflusst diese Reaktion das Kind?
- Welche Strategien nimmt es sich mit?
- Was geschieht womöglich mit seinem Selbstwert, wenn es ständig eine herrische Bezugsperson erlebt?

Denk daran: Herrische Eltern suchen sich Sicherheit über Macht und Kontrolle. Sie arbeiten mit Angst und Distanz.

Gleiche deinen Blick mit dem Blick auf das Kind ab, das so gute Gründe für sein Verhalten hat:

Lösung

Der schüchterne Junge ist überfordert, weil sein Tag schon lang war und er noch dazu hungrig ist. Die Kindergartenzeit ist immer fordernd für sein zurückhaltendes Wesen, weshalb er sich nach dem Abholen nach Ruhe und Nähe sehnt. Er will am Regal etwas aussuchen, weil sein Magen knurrt, und reagiert auf die Ablehnung mit Verzweiflung und der Suche nach Nähe. Seine Mutter begegnet ihm kühl: Sie sagte Sätze wie: *„Bleib sitzen!"* oder *„Schon wieder klappt das nicht, du bist so anstrengend."* Er solle im Wagen bleiben, sie wolle schnell mit dem Einkauf fertig werden. Sie nimmt seine Forderungen stärker wahr als seine Nöte. Sie bleibt distanziert und wird vielleicht auch strafend: *„Heute gibt es keinen Nachtisch!"*

Wieder fehlen Sicherheit und Unterstützung für den Jungen. Elias kennt das schon. Eventuell klammert er noch und fällt auf. Wahrscheinlich hat der schüchterne Knirps über die Jahre jedoch schon resigniert und befolgt den Auftrag, den seine Mutter ihm durch ihr Verhalten mitgibt: Er zieht sich zurück, leidet still, passt sich nach außen hin an. Gut fühlt er sich nicht.

Die Mutter bekommt keine Rückmeldung, dass sie Elias nicht gut begegnet, und behält ihr Verhalten bei. Zumeist benimmt er sich ja rasch wieder und ist einfach zu händeln.

Herrische Eltern – Hausaufgaben

Elias ist jetzt sechs Jahre alt und hat schon fast die erste Klasse geschafft. Er kann bereits etwas lesen und schreiben. Die Schule ist oft spannend, aber auch fordernd, weil die Klassengemeinschaft groß ist und die Vormittage lang und laut sind. In der Hausaufgabenbetreuung darf er sich Gehörschutz nehmen, was ihm beim Konzentrieren hilft. Manchmal schafft er trotzdem nicht alle Aufgaben, weil er gerne träumt. Dann muss er sie am Wochenende nacharbeiten. Diese Woche hat sich viel angestaut: Ein umfangreiches Blatt ist für Sachkunde zu bearbeiten. Das Wetter ist schön und er würde lieber nicht am Schreibtisch sitzen. Noch dazu versteht er nicht alle Arbeitsaufträge. Seine Mutter steht neben ihm und fordert ihn auf, endlich voranzumachen. Sie möchte auch lieber raus in die Sonne. Seiner Bitte, ihm etwas zu erklären, kommt sie zweimal nach, und Elias mag es, wie sie ihn beim Arbeiten begleitet. Doch bei der dritten Rückfrage wird sie ungehalten: *„Ich kann mir nicht vorstellen, dass die anderen das nicht allein können. Immer brauchst du mich. Jetzt mach mal los!“*

Überlege und notiere:

- Was braucht das Kind?
- Was macht die herrische Mutter?
- Wie beeinflusst diese Reaktion das Kind?
- Welche Strategien nimmt es sich mit?
- Was geschieht womöglich mit seinem Selbstwert, wenn es ständig eine herrische Bezugsperson erlebt?

Denk daran: Herrische Eltern suchen sich Sicherheit über Macht und Kontrolle. Sie arbeiten mit Angst und Distanz.

Bring deine Notizen mit den Gedanken aus der folgenden Lösung zusammen:

Lösung

Elias kann nichts daran ändern, dass er manchmal nicht alles in der Schule schafft. Er möchte seine Aufgaben nachholen, weil es ihm dort aufgetragen wurde, und wünscht sich Unterstützung durch seine Mutter. Fürs Lernen nimmt sie sich meist Zeit. Manchmal fragt er sehr viel, denn Fehler sind ihm unangenehm. Seiner Mutter ist die Schule auch wichtig, aber sie wartet darauf, dass ihr Sohn endlich mehr Selbständigkeit zeigt. Schimpfend erhofft sie sich eine Veränderung in ihm. Vielleicht packt sie noch eine Strafe obendrauf, wenn es in dem Moment schwierig bleibt. Sie sieht nicht, dass Elias Zuwendung benötigt und ihr doch eigentlich alles recht machen möchte, und bleibt auf Distanz.

Das heißt für ihn, dass ihm wieder Unterstützung fehlt, um selbstbewusst und stark mit Herausforderungen umzugehen. Aufgrund seines Temperaments und Alters wird er nun vermutlich nicht mehr mit lautstarkem Klammern und Einfordern der Beziehung reagieren, **sondern wieder angepasst. Und innerlich sehr traurig und einsam.** Für die Schulaufgaben sind wenig emotionale Kapazitäten übrig, aber er bemüht sich, denn dann ist ihm Anerkennung sicher. Die fühlt sich für ihn fast wie Beziehung an.

Herrische Eltern – Was ist aus Elias geworden?

Da Elias wie alle Kinder die Beziehung zu seinen Eltern nicht gefährden möchte und sein schüchternes Wesen ihn hemmt, nimmt er die Umstände in sich auf und passt sich vollkommen an: Nach außen hin wirkt er wie ein eher braves Kind. Innerlich ist er unsicher und wird vielleicht im weiteren Verlauf aufhören, Unterstützung und Nähe zu suchen. Eventuell sucht er sich Bestärkung durch gute Leistungen, aber was wirklich an Emotionen in ihm steckt, zeigt er nicht. Möglicherweise schränken ihn die Erfahrungen auch in seinem Tun ein und er wird bestimmte Dinge nicht wagen, nicht meistern, sich nicht zutrauen und nicht nach Hilfe fragen. Muss er sich zu stark zurücknehmen und verbiegen, kann es sein, dass er trotz seines Temperaments irgendwann laut wird und vielleicht als Teenager auffällig ist.

Sein Arbeitsmodell in Bezug auf Bindung ist nicht sicher. Er sucht sich in unserem Beispiel Ersatz für gute Beziehungen, indem er sich um Leistungen bemüht und so auf Anerkennung hofft. Die gezeigten Verhaltensweisen haben hier und immer einen guten Grund, der nicht vornehmlich in Elias und seinem Temperament liegt, sondern in seinen Erfahrungen und seinem Umfeld. Diesen guten Grund wirst du bei allen Beispielen wiederfinden.

AUSWIRKUNGEN HERRISCHEN ERZIEHUNGSVERHALTENS

Kontrolle, Härte und Distanz erzeugen eher nur oberflächlich gelingende Persönlichkeitsentwicklung. Ein Kind passt sich an. Es wird nicht angenommen und erfährt keine Zugewandtheit. Das ist ungesund und äußerst stressvoll. Es kann spätestens in der Pubertät zum Problem werden.

Abwesende Eltern – Spielgruppe

Elias und seine Mutter gehen seit einiger Zeit einmal pro Woche in eine Spielgruppe. Hier sind acht weitere Kinder mit je einem Elternteil. Die Gruppenleitung hat in einer Turnhalle aus Motorik-Elementen einen kleinen Parcours aufgebaut. Mittig stehen mehrere Lochkartons, aus denen die robbenden und krabbelnden Kinder Bauklötze und andere Dinge herausholen oder zurücksortieren können. Alle teilnehmenden Kinder sind zwischen acht und zehn Monaten alt.

Elias ist seit Kurzem in der Fremdelphase. Seine Mutter empfindet ihn nun als noch anstrengender als sonst, weil sein Schreien langanhaltend und stark ist, wenn sie ihn wie üblich allein auf die Krabbeldecke setzen möchte. Heute erhofft sie sich eine Pause durch das ablenkende Spielmaterial in der Gruppe.

Sie kommt in den Raum, als schon einige Eltern und Kinder dort sind. Die Babys spielen bereits an den Aufbauten. Sie streift ihre Schuhe ab, setzt Elias in die Mitte der Spielzeuge und geht an den Rand zu einer Bekannten, um zu erzählen, wie es ihr gerade geht.

Elias blickt sich um und fühlt sich unwohl. Seine Mutter ist schon wieder so weit weg wie zu Hause ständig, und die anderen Kinder wirken aufdringlich auf ihn. Ihm fehlt die Sicherheit, um auf Entdeckungstour zu gehen. Elias fängt an zu weinen und krabbelt zu seiner Mama, die gar nicht auf ihn achtet.

Überlege und notiere:

- Was braucht das Kind?
- Was macht die abwesende Mutter?
- Wie beeinflusst diese Reaktion das Kind?
- Welche Strategien nimmt es sich mit?
- Was geschieht womöglich mit seinem Selbstwert, wenn es ständig eine abwesende Bezugsperson erlebt?

Denk daran: Abwesende Eltern suchen sich Sicherheit über Resignation, das Nichtangehen der Elternaufgabe. Sie arbeiten mit Ignoranz und Distanz.

Hast du dir Notizen gemacht? Dann schau, ob du alles bedacht hast:

Lösung

Der schüchterne Elias braucht dringend seine Mutter als sichere Bezugsperson. In der Fremdelphase steckt er altersgerecht, weil er inzwischen erfasst, dass sie ihn allein lassen kann. Das Fremdelverhalten wird bei ihm verstärkt, da die Mutter ihn tatsächlich immer wieder nicht richtig beachtet und begleitet. Er zeigt sein Bedürfnis nach Nähe und Sicherheit sehr vehement. Seine Mutter sollte ihm feinfühlig begegnen, damit er das Fremdeln bald ablegen kann. Doch sie reagiert eventuell oberflächlich freundlich, insgesamt aber eher kühl, nicht tröstend und beachtet ihn nur geringfügig, vielleicht auch schimpfend. Seine Suche nach Bindung wird nicht beantwortet.

Das heißt für Elias, dass er sich alleingelassen fühlt. Er wird seine Bindungssuche zunächst mit mehr Vehemenz wagen, aber aufgrund seines Temperaments nach und nach wahrscheinlich aufgeben und ähnlich kühl wie seine Mutter wirken. Entweder bleibt er dann dennoch in ihrer Nähe, oder er spielt allein, so wie sie es ihm vorgibt, um beispielsweise nicht ausgeschimpft zu werden. Denn Elias hat es selten anders erlebt: Meist wird er zunächst ignoriert und dann angeherrscht.

Andere Eltern werden seine Schüchternheit im Verlauf deutlich wahrnehmen, aber ihn vielleicht auch als angenehm und unauffällig sehen. Elias selbst wird wohl dauerhaft Stress spüren, weil wichtige Bedürfnisse unerfüllt bleiben. Er kann deshalb eventuell die Welt nur eingeschränkt entdecken und sich nicht voll entfalten. Sein Selbstwert wird eher niedrig sein.

Abwesende Eltern – Supermarkt

Elias ist inzwischen vier Jahre alt. Mit seiner Mutter ist er einkaufen, nachdem sie ihn aus dem Kindergarten abgeholt hat. Er ist müde und hungrig. Sie läuft durch die Gänge und sucht alle Dinge zusammen, die auf ihrem Zettel stehen. Elias lässt sie hinter sich herlaufen. Er weicht ihr ohnehin kaum von der Seite. Auch die Mutter ist k.o. und möchte rasch zum Abendessen nach Hause. Als beide an der Kasse ankommen, sieht sie, dass Elias einige viel zu teure Sachen in den Einkaufswagen gelegt hat. Sie nimmt die Dinge und drückt sie ihrem Sohn in die Hand: *„Bring die zurück! Das kann ich nicht bezahlen."* Das energielose Kind beginnt zu weinen und versucht, sich ihr zu nähern, doch sie schiebt ihn weg: *„Das ist dein Job. Du hast es auch aus den Regalen geholt."*

Überlege und notiere:

- Was braucht das Kind?
- Was macht die abwesende Mutter?
- Wie beeinflusst diese Reaktion das Kind?
- Welche Strategien nimmt es sich mit?
- Was geschieht womöglich mit seinem Selbstwert, wenn es ständig eine abwesende Bezugsperson erlebt?

Denk daran: Abwesende Eltern suchen sich Sicherheit über Resignation, das Nichtangehen der Elternaufgabe. Sie arbeiten mit Ignoranz und Distanz.

Was hast du dir überlegt? Schau, ob es mit der Lösung zusammenpasst:

Lösung

Elias hat nie gezeigt bekommen, wie er sich am Einkauf gut beteiligen kann und mit seinen Wünschen umgehen soll. **Seine Mutter erwartet von ihm, das Problem selbst zu lösen.** Sie denkt gar nicht darüber nach, dass sie damit zu viel verlangt oder dass sie ihn überhaupt erst in diese Lage gebracht hat. Elias wird überfordert und allein gelassen.

Eventuell wird er noch immer mit Nachdruck versuchen, von seiner Mutter gut begleitet zu werden: durch Weinen, Schreien. Doch er erreicht sie damit nicht. Vielleicht versucht er sich Gehör zu verschaffen, indem er sich auffallend zeigt, zum Beispiel die Einkäufe hinschmeißt oder sie auf die Person hinter sich wirft. Die anderen Menschen in der Kassenschlange werden das als Fehlverhalten deuten und ihn womöglich als aggressiv, unerzogen und vielleicht auch vernachlässigt wahrnehmen.

Da Elias im Grunde aber schüchtern ist, ist es nicht unwahrscheinlich, dass er sich eher zurückzieht. Vielleicht versucht er, die ausgewählten Lebensmittel zurückzubringen, oder legt sie auch nur verzweifelt außerhalb des Blickfeldes seiner Mutter ab. Was da in ihm los ist, kann er gar nicht richtig sagen und definitiv nicht gut ausdrücken. Sein Selbstwert ist wohl eher niedrig.

Beim nächsten Einkauf und allgemein im Alltag wird der Junge wahrscheinlich noch eine Zeit lang weiterhin versuchen, Nähe und Sicherheit zu bekommen, beispielsweise, indem er körperlich klammert oder stark jammert. Aber eventuell zieht er sich auch immer mehr in sein Schneckenhaus zurück. So landet er in einem Kreislauf: Sein schüchternes Temperament wird nicht passend begleitet und er reagiert möglicherweise immer noch verschüchterter.

Abwesende Eltern – Hausaufgaben

Elias ist jetzt sechs Jahre alt und hat schon fast die erste Klasse geschafft. Er kann bereits etwas lesen und schreiben. Die Schule ist oft spannend, aber auch fordernd, weil die Klassengemeinschaft groß ist und die Vormittage lang und laut sind. Er liebt es, dass die Lehrkräfte sich immer viel um die Kinder kümmern. In der Hausaufgabenbetreuung darf er sich Gehörschutz nehmen, was ihm beim Konzentrieren hilft. Manchmal schafft er trotzdem nicht alle Aufgaben, weil er gerne träumt. Dann muss er sie am Wochenende nacharbeiten. Diese Woche hat sich viel angestaut: Ein umfangreiches Blatt ist für Sachkunde zu bearbeiten. Das Wetter ist schön und er würde lieber nicht am Schreibtisch sitzen. Noch dazu versteht er nicht alle Arbeitsaufträge. Er wollte, dass seine Mutter ihm hilft, doch sie meinte nur, er könne das doch alles und es sei ja auch sein Schulkram. Er ist allein. Seine Eltern waren morgens einkaufen und sind jetzt schon raus in den Park gegangen. *„Komm einfach nach, wenn du willst"*, haben sie ihm gesagt. Elias möchte die Hausaufgabe aber machen, weil seine Lehrerin sich dann immer so freut. Das tut ihm gut. Aber er kommt nicht voran und hört irgendwann auf. Dann folgt er seinen Eltern nach draußen.

Überlege und notiere:

- Was braucht das Kind?
- Was macht die abwesende Mutter?
- Wie beeinflusst diese Reaktion das Kind?
- Welche Strategien nimmt es sich mit?
- Was geschieht womöglich mit seinem Selbstwert, wenn es ständig eine abwesende Bezugsperson erlebt?

Denk daran: Abwesende Eltern suchen sich Sicherheit über Resignation, das Nichtangehen der Elternaufgabe. Sie arbeiten mit Ignoranz und Distanz.

Passen deine Gedanken zur folgenden Lösung?

Lösung

Elias wünscht sich, gesehen zu werden. Er ist wie alle Kinder ein soziales Wesen, aber ihm wird die Verbindung zu Hause verwehrt. Seine Mutter schiebt die Verantwortung auf ihn ab. Daher sucht er die Verbindung in der Schule und möchte gefallen, doch es wird ihm erschwert, da er niemanden hat, der ihn unterstützt. Die Mutter lässt ihn kontinuierlich allein und mutet dem Jungen zu viel zu. Es gibt wenig haltgebende Beziehung zwischen den beiden, da die Mutter Elias häufig überfordert und so seine Unsicherheit noch verstärkt. Die Verbindung ist sehr oberflächlich und kühl. Sie wird nicht kontrollieren, ob er die Aufgabe gemacht hat.

Das alles macht Elias sehr unsicher. Seine Schüchternheit wird dabei beeinflussen, dass er sich eher zurückzieht. Dass er so gut funktioniert, wie er kann, aber oft gar nicht weiß, wie er richtig reagieren müsste. Auf andere kann er verwahrlost wirken, gerade wenn er rund um die schulischen Belange so alleingelassen ist, Hausaufgaben unvollständig bleiben oder Material fehlt.

Das schadet dem kindlichen Selbstwertgefühl. Bewältigt Elias Herausforderungen allein, weil keiner hilft, die Eltern ihn allein lassen und ihm nichts zutrauen, kann ihm das zwar guttun. Aber immer wieder alleingelassen zu scheitern oder überfordert zu sein, wird Spuren hinterlassen: Unsicherheit, wenig Vertrauen in die eigenen Fähigkeiten und die Unsicherheit, nach Hilfe zu fragen.

Abwesende Eltern – Was ist aus Elias geworden?

Für Elias' Weg ist sein schüchternes Temperament mitentscheidend, denn er wird nicht lange vehement nach Verbindung suchen können. Zumindest nicht zu Hause; eventuell sucht er sie woanders. Doch insgesamt wird er ein eher unsicheres Kind werden, das recht verloren und orientierungslos ist. Elias weiß nicht, wie Beziehung funktioniert, wie sich Unterstützung anfühlt, wie Grenzen und Bedürfnisse erkannt werden, welche Gefühle in ihm hochkommen und wie man diese ausdrücken kann. Auch der Umgang mit Gleichaltrigen kann ihm sehr schwerfallen.

Außenstehende werden ihn als unauffällig wahrnehmen und eher selten Kontakt zu ihm suchen. Wenn er sein Temperament überlisten kann, wird er vielleicht unangenehm nach Verbindung suchen. Mögliche Strafen und Auseinandersetzungen sind dann noch attraktiver als keine Zuwendung. Lernen und Entwicklung werden ihm in allen Bereichen wahrscheinlich schwerer fallen als anderen, weil Sicherheit und auch Souveränität fehlen. Auch hier hat er wieder **einen guten Grund** für sein Verhalten und keine Schuld.

Sein Arbeitsmodell in Bezug auf Bindung ist nicht sicher. Er sucht sich eventuell außerhalb der Familie Ersatz für die elterlichen Beziehungen oder vermeidet Verbindung ganz.

IGNORANZ HAT FOLGEN

Ignoranz und Distanz verunsichern ein Kind sehr. Seine Entfaltung wird stark beeinträchtigt. Das Kind erlebt weder aktives Annehmen noch zugewandtes Zumuten. Es passt sich ungesund an und leidet. Es versteht sich selbst nicht gut und hat eher kein positives Selbstbild.

Verwöhnend überfürsorgliche Eltern – Spielgruppe

Elias und seine Mutter gehen seit einiger Zeit einmal pro Woche in eine Spielgruppe. Hier sind acht weitere Kinder mit je einem Elternteil. Die Gruppenleitung hat in einer Turnhalle aus Motorik-Elementen einen kleinen Parcours aufgebaut. Mittig stehen mehrere Lochkartons, aus denen die robbenden und krabbelnden Kinder Bauklötze und andere Dinge herausholen oder zurücksortieren können. Alle teilnehmenden Kinder sind zwischen acht und zehn Monaten alt.

Elias ist seit Kurzem in der Fremdelphase. Seine Mutter sorgt sich deshalb sehr um ihn. Er wirkt fürchterlich unglücklich, manchmal selbst auf ihrem eigentlich doch so sicheren Arm. Sie lehnt jede Hilfe von ihrem Mann oder den Großeltern ab. Die Spielgruppe besucht sie trotzdem, denn sie hat Angst, Elias könnte etwas verpassen, wenn sie sich mit ihm einigelt. Sie möchte ihm nichts vorenthalten. Außerdem ist sie sich recht sicher, dass ihre Art der Begleitung dem Jungen alles gibt, was er braucht, und zeigt dies den anderen Eltern in der Gruppe gern.

Sie kommt wie immer etwas zu früh und betritt mit Elias als Erste den Raum. Sie streift ihre Schuhe ab und setzt sich mit ihm in die Mitte der Spielzeuge. Dazu räumt sie zwei Kartons etwas zur Seite und macht ihrem Sohn und sich Platz: *„So mein Schatz, jetzt ist alles ganz genau richtig für dich.“*

Elias blickt sich um, bleibt aber auf dem Schoß seiner Mutter sitzen. Sie zeigt ihm einige Bauklötze, zögernd greift er danach. Ein zweites Baby kommt dazu und krabbelt gleich zu ihm. Elias drückt sich wieder eng an seine Mutter, die sich mit ihm etwas wegdreht vom anderen Kind. Er schaut das Gleichaltrige neugierig an, das anfängt, an seinem Hosenbein zu ziehen. Elias weint.

Überlege und notiere:

- Was braucht das Kind?
- Was macht die verwöhnend überfürsorgliche Mutter?
- Wie beeinflusst diese Reaktion das Kind?
- Welche Strategien nimmt es sich mit?
- Was geschieht womöglich mit seinem Selbstwert, wenn es ständig eine verwöhnend überfürsorgliche Bezugsperson erlebt?

Denk daran: Verwöhnend überfürsorgliche Eltern suchen sich Sicherheit über Konfliktscheue und Wunscherfüllung. Sie arbeiten mit starker Präsenz und übermäßiger Fürsorglichkeit.

Vergleiche deine Lösungen mit diesen Ausführungen:

Lösung

Elias ist schüchtern und fremdelt, deswegen braucht er gerade viel Zuwendung und Sicherheit von seiner Mutter. Doch er hat altersentsprechend auch den Drang, die Welt zu erkunden, gerade wenn er seine Bezugsperson sicher in der Nähe weiß. Aber seine Mutter lässt ihm wenig Möglichkeit. Sie wird vielleicht mit ihm aufstehen und ihn in guter Entfernung zu den anderen trösten. Sie ist präsent, aber kann ihn schlecht loslassen. Vielleicht verlässt sie den Kurs an diesem Tag auch vorzeitig, um ihr Kind zu schützen, wenn er weiterhin so sensibel ist. Entscheidet sie das nach seinen Signalen, ist es okay, doch beschließt sie es aus Übervorsicht (dieses Mal und immer wieder), hemmt sie seine Neugier und blockiert Entwicklungsgelegenheiten. So wird sein zurückhaltendes Temperament noch mehr ausgebremst. Stattdessen bräuchte er unbedingt zugewandtes Zumuten, um Herausforderungen bewältigen zu können.

Elias wird sich eher sehr passiv verhalten und wenig Selbstvertrauen spüren. Er merkt, dass es seiner Mutter sehr wichtig ist, das Bindungsband ganz kurz zu halten, und geht unbeabsichtigt auf diesem Weg mit, um sich sicher zu fühlen. Dabei erkundet er die Welt weniger als andere und macht weniger Erfahrungen, die ihn in seiner Entwicklung voranbringen könnten. Sein Temperament trägt dazu bei und es kann wieder ein Teufelskreis entstehen, der die Schüchternheit verstärkt.

Verwöhnende überfürsorgliche Eltern – Supermarkt

Elias ist inzwischen vier Jahre alt. Mit seiner Mutter ist er einkaufen, nachdem sie ihn aus dem Kindergarten abgeholt hat. Er ist müde und hungrig. Sie hat ihn in den Einkaufswagen gesetzt, streichelt ihm immer wieder die Wange und öffnet ihm gleich am ersten Regal einen Fruchtriegel, auf den er zeigt. Dann eilt sie durch die Gänge, denn sie möchte rasch zum Abendessen nach Hause, weil sie spürt, dass ihr Sohn vom Kindergartentag geschafft ist. Wenn er nicht pünktlich um 18 Uhr Abendbrot isst, schafft er den Abschied vom Tag sehr schlecht und die Einschlafbegleitung dauert sehr lange.

Als Elias vom Wagen aus etwas aus einem Regal zieht, nimmt sie es ihm direkt aus der Hand: *„Das ist schön bunt, das gefällt dir. Verstehe ich. Aber schau mal, da ist jede Menge Zucker drin. Das möchte ich nicht kaufen.“* Sie legt es zurück. Elias beginnt zu weinen. Das passiert ganz von selbst, aber es läuft oft so, denn dann nimmt seine Mutter ihn in den Arm und manchmal erfüllt sie ihm doch noch einen Wunsch: *„Oh, dein Weinen kann ich aber gar nicht ertragen.“*

Überlege und notiere:

- Was braucht das Kind?
- Was macht die verwöhnend überfürsorgliche Mutter?
- Wie beeinflusst diese Reaktion das Kind?
- Welche Strategien nimmt es sich mit?
- Was geschieht womöglich mit seinem Selbstwert, wenn es ständig eine verwöhnend überfürsorgliche Bezugsperson erlebt?

Denk daran: Verwöhnend überfürsorgliche Eltern suchen sich Sicherheit über Konfliktscheue und Wunscherfüllung. Sie arbeiten mit starker Präsenz und übermäßiger Fürsorglichkeit.

Wie endete der Einkauf wohl? Vergleiche deine Lösung mit den folgenden Angaben:

Lösung

Die Mutter tröstet Elias sicher liebevoll, doch er beruhigt sich nicht. Schließlich gibt sie ihm das Produkt doch und eilt dann rasch zur Kasse, um den unangenehmen Blicken manch anderer Kunden auszuweichen. Das heißt, der Junge wird im Grunde zugewandt versorgt, doch vor Konfliktsituationen geschützt – wahrscheinlich, weil seine Mutter sie nicht aushalten kann. Dabei wäre es für seine Entwicklung wichtig, dass er lernt, dass Wünsche nicht immer sofort erfüllt werden. Seine Mutter ist sehr vorsichtig bei der Wahl der Lebensmittel und möchte ihren Sohn gesund ernähren, doch sie kann es nicht aushalten, ihm das zugewandt zu zeigen. Sie ist sehr bei sich und ihrem Wunsch, im Supermarkt nicht negativ aufzufallen. **Deswegen ist es letztlich nur vordergründig eine Zugewandtheit dem Kind gegenüber.**

Elias kennt das schon und sein natürlicher, altersgerechter, noch recht egozentrischer Weltblick lässt ihn dann am Ball bleiben: Er bekommt das, was sein Belohnungssystem rasch anspringen lässt. Echt gesehen wird er nicht, darf nicht lernen oder bewältigen. Aufgrund seiner Schüchternheit fordert er wahrscheinlich auch an anderen Stellen nicht viel Selbstständigkeit und Herausforderungen ein.

Verwöhnend überfürsorgliche Eltern – Hausaufgaben

Elias ist jetzt sechs Jahre alt und hat schon fast die erste Klasse geschafft. Er kann bereits etwas lesen und schreiben. Die Schule ist oft spannend, aber auch fordernd, weil die Klassengemeinschaft groß ist und die Vormittage lang und laut sind. In der Hausaufgabenbetreuung darf er sich Gehörschutz nehmen, was ihm beim Konzentrieren hilft. Manchmal schafft er trotzdem nicht alle Aufgaben, weil er gerne träumt. Dann muss er sie am Wochenende nacharbeiten.

Diese Woche hat sich viel angestaut: Ein umfangreiches Blatt ist für Sachkunde zu bearbeiten. Das Wetter ist schön und er würde lieber nicht am Schreibtisch sitzen. Noch dazu versteht er nicht alle Arbeitsaufträge. Seine Mutter hat mit ihm besprochen, was er gerne am Nachmittag unternehmen möchte und seinem Wunsch nach einem Zoobesuch nachgegeben, obwohl sie Sorge hat vor der Unübersichtlichkeit dort. Sie wird ihn in einen Bollerwagen setzen. Das wird mit steigendem Alter immer schwieriger, aber noch geht es.

Elias freut sich darauf, aber ist nur wenig motiviert, im Vorfeld die Aufgaben zu erledigen. Seine Mutter sitzt neben ihm und erklärt unermüdlich, was er nicht versteht, aber übersieht seine fehlende Motivation. Plötzlich fängt er an zu weinen. Seine Mutter versucht lange, ihm den Arbeitsauftrag gut nahezubringen, doch Elias beschließt schluchzend, dass die Lehrkraft wirklich etwas Blödes aufgegeben hat. Er verweigert die Mitarbeit. Nun schwankt seine Mama zwischen den Gedanken, die Aufgabe für Elias zu erledigen, oder der Lehrperson eine kritische Nachricht auf das Blatt zu schreiben, wieso er oder sie den Kindern solch einen schwierigen Auftrag erteilen muss.

Überlege und notiere:

- Was braucht das Kind?
- Was macht die verwöhnend überfürsorgliche Mutter?
- Wie beeinflusst diese Reaktion das Kind?
- Welche Strategien nimmt es sich mit?
- Was geschieht womöglich mit seinem Selbstwert, wenn es ständig eine verwöhnend überfürsorgliche Bezugsperson erlebt?

Denk daran: Verwöhnend überfürsorgliche Eltern suchen sich Sicherheit über Konfliktscheue und Wunscherfüllung. Sie arbeiten mit starker Präsenz und übermäßiger Fürsorglichkeit.

Welchen Weg hat die geschilderte Situation in deinem Kopf genommen? Vergleiche:

Lösung

Elias braucht Begleitung bei den Schularbeiten, die seine Mutter ihm gerne gibt. Allerdings übersieht sie leicht, was genau er im Arbeitsprozess benötigt, **nämlich nicht nur Beziehung und Nähe, sondern auch Schubser.** Ihre Konfliktscheue lässt das nicht zu, und so wird sie wohl entweder die Arbeit für ihr Kind übernehmen, um keinen Ärger zu riskieren, oder aber der Lehrkraft vorwerfen, wie sie das Kind so überfordern kann. Dabei hat sie nicht im Blick, dass es darum geht, dass ihr Sohn etwas verstehen oder vertiefen soll, beziehungsweise die Lehrkraft eine Rückmeldung bräuchte, wenn er die Thematik noch nicht begriffen hat oder ihm Motivation fehlt. Sie sieht eher sich selbst und ihr Bedürfnis nach Konfliktfreiheit. Die Familie müsste nach Lösungen suchen, um einen guten Weg für Elias zu finden, in Zukunft selbständiger Aufgaben zu erledigen. Beispielsweise könnten sie klar vereinbaren, dass es eine Pause gibt, nach der er aber verbindlich weiterarbeiten muss. Oder sie könnten ihn ermutigen, die Lehrperson von sich aus auf sein Problem mit dem Thema anzusprechen und selbständig zu agieren.

Elias' Mutter handelt mit dem Gefühl, ihn vor einer Überforderung schützen zu müssen. Seine Tränen haben sie unsicher gemacht. Sie überlegt sogar, wie sie Schuld verteilen kann, anstatt nach einer Lösung zu suchen, die ihr Kind persönlich voranbringt. Andere Eltern, die unter dem kontrollierend (statt verwöhnend) überfürsorglichen Stil zu fassen sind, hätten ihre Kontrolle vielleicht noch mehr auf die Leistung gelenkt und ruhig, aber sehr bestimmend erwartet, dass Elias die Aufgabe erledigt. Auch dann wäre das Kind wegen des Drucks in seinen Bedürfnissen nicht beachtet und keinesfalls in seiner Eigenaktivität und seinem Selbstwertgefühl bestärkt worden. Elias' Mutter kontrolliert die Situation im Grunde auch stark, um sich Sicherheit zu suchen, aber blickt ins Außen, sucht dort Schuldige, anstatt das Kind kontrollierend zu Leistung anzuhalten. Beide Arten der Kontrolle sind sowohl für die Eltern-Kind-Beziehung als auch für die Entwicklung von Elias nachteilig, denn er wird übergangen.

Elias lernt, dass die Hilfe zu Hause nicht darin besteht, ihn zu ermutigen und sicherer in die Welt gehen zu lassen, sondern dass seine Mutter Negatives von ihm fernhält und gegebenenfalls anderen die Schuld zuweist. Seine Tränen werden durchaus ernst genommen, aber nicht gesund begleitet: Sinnvoller wäre es, nach dem Trösten gemeinsam eine Lösung zu finden. Elias wird letzten Endes unselbständig und unmotiviert gehalten. Er wird eventuell vermehrt versuchen, Herausforderungen nicht anzugehen oder darauf warten, dass seine Mutter sie löst. Darunter leidet seine Fähigkeit, Situationen zu bewältigen.

Verwöhnend überfürsorgliche Eltern – Was ist aus Elias geworden?

Auch hier ist der Weg bestimmt durch das Erziehungsverhalten und das Temperament des Kindes. Der Junge sucht nicht stark nach Beziehung, weil seine Mutter ständig für ihn da ist, und er fordert auch kein Loslassen und Erkunden mehr ein. Stattdessen hat er sich nach und nach der Rolle angepasst, für die seine Mutter ihm Platz lässt: Sie muss für ihn aktiv werden und entscheiden, er signalisiert nur seine Wünsche.

Außerhalb der Familie wird der zurückhaltende Junge daher vielleicht eher unsicher oder gehemmt sein und Aufgaben nicht angehen. Er bräuchte Schubser, um selbständiger zu werden, doch das fehlt sehr.

Bei anderen wird er sich eher wechselhaft zeigen und mal sehr viel Unterstützung erwarten, andere Male aber gar nicht erst danach fragen. Elias' Arbeitsmodell der Bindungssuche ist wahrscheinlich eher unsicher und wechselhaft, und er hat **einen guten Grund** dafür.

Lernen und Entwicklung werden bei Elias in allen Bereichen im schlechtesten Fall verzögerter auftreten als bei anderen, weil ihm Sicherheit und auch Souveränität fehlen und er nicht genug ermutigt wird. Auch das Beachten der Perspektive seiner Mitmenschen könnte ihm schlechter gelingen, da seine Mutter sehr Wert auf die familiäre Sicht legt und andere nicht mit gleicher Aufmerksamkeit beachtet.

FEHLENDE BEWÄLTIGUNGSKOMPETENZ

Konfliktscheue ist riskant. Mit wachsendem Alter wird ein so begleitetes Kind vermehrt Probleme bekommen, zum Beispiel in der Schule oder mit Gleichaltrigen. Ihm fehlen Zumuten und Aktivwerden. Dadurch wird die Schwelle, Herausforderungen überhaupt anzugehen, sehr hoch und die Kompetenz, die Ideen, die Strategien, um Schwierigkeiten auszulösen, werden nicht gefördert. Die überfürsorgliche, oft hilflose Begleitung wird außerdem dem Elternteil übermäßig viel abverlangen und dadurch die Eltern-Kind-Beziehung belasten. Denn wenn ein Erwachsener in der Begleitung eines Kindes ständig über seine Grenzen geht, wird diese Überbeanspruchung im Elternteil Stress auslösen, der sich oft in der Interaktion mit dem Kind entlädt.

Beziehungsorientierte Eltern – Spielgruppe

Elias und seine Mutter gehen seit einiger Zeit einmal pro Woche in eine Spielgruppe. Hier sind acht weitere Kinder mit je einem Elternteil. Die Gruppenleitung hat in einer Turnhalle aus Motorik-Elementen einen kleinen Parcours aufgebaut. Mittig stehen mehrere Lochkartons, aus denen die robbenden und krabbelnden Kinder Bauklötze und andere Dinge herausholen oder zurücksortieren können. Alle teilnehmenden Kinder sind zwischen acht und zehn Monaten alt.

Elias ist seit Kurzem in der Fremdelphase. Seine Mutter empfindet das als außergewöhnlich anstrengend, weil weder ihr Mann noch die Großeltern ihr das Kind mal abnehmen können, ohne dass es herzzerreißend nach ihr schreit. Heute erhofft sie sich eine Pause durch das ablenkende Spielmaterial in der Gruppe.

Sie kommt in den Raum, als schon einige Eltern und Kinder dort sind. Die Babys spielen bereits an den Aufbauten. Sie streift ihre Schuhe ab und beschließt, mit Elias gemeinsam am Rand des Parcours zu starten. Von ihrem Schoß aus lässt sie ihn erst mal alles anschauen und startet mit ihm gemeinsam das Erkunden der Aufbauten und der anderen Kinder. Sie bemerkt, dass ihn ein ausgelegtes Seil besonders interessiert, und lässt es ihn greifen und bespielen. Sie zeigt ihm, wie man es bewegen kann und macht einen Knoten hinein. Er hält das Seil fest und traut sich, von ihrem Schoß zu krabbeln.

Elias blickt sich um und bemerkt ein wilderes Kind, das mit Bauklötzen wirft. Er bewegt sich wieder näher zu seiner Mutter, die gerade ein Gespräch mit einem anderen Elternteil begonnen hat. Als er auf ihren Schoß klettert, nimmt sie ihn mit den Händen in Empfang und küsst ihn. Sie bleibt im Gespräch, aber beobachtet auch, was Elias tut und spielt immer wieder kurz mit. Nach dem Singen des Begrüßungsliedes sind alle Kinder mit Erkunden beschäftigt und auch Elias krabbelt auf die ersten Parcourselemente. Dort bleibt er beobachtend sitzen.

Überlege und notiere:

- Was braucht das Kind?
- Was macht die beziehungsorientierte Mutter?
- Wie beeinflusst diese Reaktion das Kind?
- Welche Strategien nimmt es sich mit?
- Was geschieht womöglich mit seinem Selbstwert, wenn es ständig eine beziehungsorientierte Bezugsperson erlebt?

Denk daran: Beziehungsorientiere Eltern suchen sich Sicherheit im mitfühlenden und engagierten Miteinander. Sie helfen dem Kind gemäß seiner Bedürfnisse und Fähigkeiten bei der Regulation und der Suche nach Nähe und Entdeckerdrang. Nach Möglichkeit beachten sie auch eigene und fremde Bedürfnisse bei ihren Entscheidungen rund um das Kind.

Konntest du die Fragen beantworten? Schau, ob du noch etwas ergänzen kannst:

Lösung

Der schüchterne Elias benötigt seine Bezugsperson in greifbarer Nähe und besondere Aufmerksamkeit ihrerseits, bis er in der fordernden Situation angekommen ist. Seine Mutter gibt ihm dies, leitet ihn an, hilft ihm, sich mit den Spielzeugen und den anderen Kindern zu verbinden, traut ihm etwas zu und kuschelt auch sofort, wenn es nötig ist. Sie lässt Elias entscheiden, was er gerade braucht, und reagiert darauf. Dennoch hat sie auch einen kleinen Raum für sich und den eigenen Austausch.

So lernt Elias, dass auf seine Bindungssuche sofort eingegangen wird und er minimale Schubser bekommt, um neugierig erforschen zu können, was es zu entdecken gibt. Er muss keine Rücksicht darauf nehmen, dass zu viel Suche nach Nähe oder zu großes Experimentieren die Mutter verstimmen wird. Der Junge fühlt sich wohl und ist trotz seines zurückhaltenden Wesens recht sicher und selbstwirksam.

Beziehungsorientierte Eltern – Supermarkt

Elias ist inzwischen vier Jahre alt. Mit seiner Mutter ist er einkaufen, nachdem sie ihn aus dem Kindergarten abgeholt hat. Er ist müde und hungrig. Sie hat ihn in den Einkaufswagen gesetzt, streichelt ihm immer wieder die Wange und öffnet ihm gleich am ersten Regal einen Fruchtriegel, auf den er zeigt. Dann eilt sie durch die Gänge, denn sie möchte rasch zum Abendessen nach Hause, weil sie spürt, dass ihr Sohn vom Kindergartentag geschafft ist. Sie überlegt, dass es klug wäre, das Abendessen heute spontan während des Einkaufs zu erledigen, weil der Abend sonst schwierig werden könnte mit dem übermüdeten und hungrigen Kind, und lässt ihn sich noch ein belegtes Brötchen an der Käsetheke aussuchen. Während er isst, macht sie die weiteren Besorgungen.

Als Elias vom Wagen aus etwas aus einem Regal zieht, schaut sie es mit ihm an: *„Das ist schön bunt, das gefällt dir. Verstehe ich. Aber schau mal, da ist jede Menge Zucker drin. Das möchte ich nicht kaufen.“* Sie bittet ihn, es zurückzulegen, doch Elias hält es fest und schaut wütend. Seine Mutter erklärt ihm, dass in der Süßigkeit auch noch andere Zutaten sind, die sie nicht so gerne in seinem Bauch haben möchte, und bietet ihm an, wieder die Schokokringel als Nachtisch zu kaufen, die er neulich im Zoo hatte. Doch Elias kann sich nicht darauf einlassen. Er beginnt zu weinen.

Ein älterer Herr bleibt stehen und beschwert sich darüber, dass das Kind so laut ist! Elias’ Mama wendet sich ihm kurz zu und sagt, dass es ihr leidtut, wenn er sich gestört fühlt, aber sie mit ihm den Umgang mit Gefühlen noch üben muss. Grummelnd geht der Herr davon. Elias weint immer noch und wirft seiner Mutter die bunte Süßigkeit wütend vor die Füße.

Überlege und notiere:

- Was braucht das Kind?
- Was macht die beziehungsorientierte Mutter?
- Wie beeinflusst diese Reaktion das Kind?
- Welche Strategien nimmt es sich mit?
- Was geschieht womöglich mit seinem Selbstwert, wenn es ständig eine beziehungsorientierte Bezugsperson erlebt?

Denk daran: Beziehungsorientiere Eltern suchen sich Sicherheit im mitfühlenden und engagierten Miteinander. Sie helfen dem Kind gemäß seiner Bedürfnisse und Fähigkeiten bei der Regulation und der Suche nach Nähe und Entdeckerdrang. Nach Möglichkeit beachten sie auch eigene und fremde Bedürfnisse bei ihren Entscheidungen rund um das Kind.

Eine knifflige Situation. Wie hat die beziehungsorientierte Mutter in deinen Gedanken gehandelt und was hat das mit Elias gemacht?

Lösung

Elias möchte seinen Willen durchsetzen und einen Wunsch erfüllt bekommen, was der Mutter schwerfällt. Sie hat schon dafür gesorgt, dass sein Grundbedürfnis des Hungers gestillt wurde, aber muss berücksichtigen, dass er k.o. ist vom langen Tag und deshalb nicht mehr so gut aufnahmefähig. Er braucht sie jetzt als Regulationshilfe. Das heißt, sie muss entscheiden, ob die Süßigkeit für sie definitiv tabu ist oder doch als Ausnahme in Ordnung sein könnte. Dann wird sie Elias ihre Meinung liebevoll nahebringen sowie gleichzeitig seine Gefühle von außen mitregulieren. Legt sie das Produkt zurück ins Regal, wird sie ihn trösten und die für das schüchterne Kind vielleicht seltene, intensive Wut begleiten. Innerlich erinnert sie sich mit einem Satz wie: *Worum geht es hier eigentlich?* oder *Was braucht mein Kind?* daran, im Miteinander zu bleiben. Außerdem spürt sie ihrer Grenze nach: *Der Müsliriegel ist nicht okay. Ich darf als Mutter diese Entscheidung fällen. Aber dass Elias darüber sauer ist, ist in Ordnung. Er kann es gerade nicht begreifen.* Sie kann versuchen, ihm seine Gefühle zu spiegeln („*Du bist wütend, weil …*") und ihm einen

Weg zu zeigen, wie er die Emotion im Supermarkt gut rauslassen kann. Außerdem kann sie ihm nochmals anbieten, die Alternative zu kaufen. Ist Elias vor Müdigkeit nicht mehr dazu imstande, Trost und den Kompromissvorschlag anzunehmen, wird sie die Situation so rasch und einfühlsam wie möglich zu Ende zu bringen. Wenn er sich später beruhigt hat, wird sie die Situation vielleicht nochmals ansprechen und mit Elias gemeinsam überlegen, was nicht so gut gelaufen ist und wie es zukünftig anders gehen könnte.

Der Junge spürt, dass er gesehen und geliebt wird. Er lernt, dass auch widerstreitende Gefühle Raum haben und Konflikte nicht zum Beziehungsabbruch führen. Er weiß: *„Mama hat mich lieb, auch wenn das im Supermarkt für uns alle nicht einfach war“.* Außerdem spürt er, dass nicht nur seine Meinung wichtig ist. Im Nachgespräch fühlt er, dass die Mutter seine Not gut gesehen hat und nicht einfach vergisst. Elias darf lernen, wie Wut reguliert werden kann und wie man Konflikte lösungssuchend angeht.

Das Kind ist sich der Beziehung sicher und sucht sie offenherzig auf, wenn er Not spürt. Es fühlt sich respektiert und selbstständig, denn vor dem Vorfall mit der Süßigkeit war durchaus Raum für seine eigenen Entscheidungen. Er braucht keinen Rückzug, keine Anpassung oder gar Aggressionen, um mit seiner Mutter zurechtzukommen: Elias kann sehr er selbst sein. Das macht ihn stark und schenkt ihm Selbstvertrauen.

Beziehungsorientierte Eltern – Hausaufgaben

Elias ist jetzt sechs Jahre alt und hat schon fast die erste Klasse geschafft. Er kann bereits etwas lesen und schreiben. Die Schule ist oft spannend, aber auch fordernd, weil die Klassengemeinschaft groß ist und die Vormittage lang und laut sind. In der Hausaufgabenbetreuung darf er sich Gehörschutz nehmen, was ihm beim Konzentrieren hilft. Manchmal schafft er trotzdem nicht alle Aufgaben, weil er gerne träumt. Dann muss er sie am Wochenende nacharbeiten.

Diese Woche hat sich viel angestaut: Ein umfangreiches Blatt ist für Sachkunde zu bearbeiten. Das Wetter ist schön und er würde lieber nicht am Schreibtisch sitzen. Noch dazu versteht er nicht alle Arbeitsaufträge. Seine Mutter und er haben überlegt, dass er jetzt eine Hälfte bearbeitet und die andere am Sonntag. Denn sie wollen noch einen Ausflug in den Zoo machen, weil Elias sich das so sehr wünscht. Sie haben schon Regeln besprochen, damit er sich im Notfall zu helfen weiß.

Elias freut sich darauf und ist motiviert, im Vorfeld die Hälfte der Aufgaben zu erledigen. Er sitzt dazu am Esstisch, während seine Mutter durch die Wohnung saust und einige Dinge aufräumt. Plötzlich kommt Elias nicht weiter. Er bittet seine Mutter, ihm die Aufgabe zu erklären. Sie kommt, als sie einen Stapel Papiere fertig eingeheftet hat, versteht aber auch nicht ganz, was auf dem Blatt gefordert ist: *„Das müsst ihr im Unterricht genauer besprochen haben."* Elias ist sich sicher, dass das nicht so war, und sagt, er lasse die doofe Aufgabe aus. Seine Mutter bittet ihn, einen Klassenkameraden anzurufen und nochmal nachzuhaken. Elias mag nicht telefonieren und sagt, sie solle das machen. Doch seine Mutter hält den Auftrag nur für eine Herausforderung, nicht für eine Überforderung und bleibt bei ihrer Meinung. Die Diskussion geht weiter.

Überlege und notiere:

- Was braucht das Kind?
- Was macht die beziehungsorientierte Mutter?
- Wie beeinflusst diese Reaktion das Kind?
- Welche Strategien nimmt es sich mit?
- Was geschieht womöglich mit seinem Selbstwert, wenn es ständig eine beziehungsorientierte Bezugsperson erlebt?

Denk daran: Beziehungsorientiere Eltern suchen sich Sicherheit im mitfühlenden und engagierten Miteinander. Sie helfen dem Kind gemäß seiner Bedürfnisse und Fähigkeiten bei der Regulation und der Suche nach Nähe und Entdeckerdrang. Nach Möglichkeit beachten sie auch eigene und fremde Bedürfnisse bei ihren Entscheidungen rund um das Kind.

Wie ist der Konflikt wohl weiterhin verlaufen? Eine beziehungsorientierte Möglichkeit findest du hier:

Lösung

Elias braucht Unterstützung, um die Situation zu lösen, und als schüchternes Kind auch einen Schubser, um ein empfundenes Problem anzugehen. Seine Mutter bietet ihm in der Diskussion vielleicht einen Kompromiss an: Elias kann entweder einen Freund anrufen oder der Lehrkraft mir ihr zusammen eine E-Mail schreiben, um eine genauere Erklärung zum Arbeitsblatt zu erhalten. Damit bietet sie ihm (eine übersichtliche Anzahl an) Wahlmöglichkeiten, schubst ihn aber auch in die Richtung, das Thema anzugehen, eventuell mit ihrer Unterstützung. Elias steigt sicher nicht sofort darauf ein, sondern guckt möglicherweise noch bockig aus dem Fenster und überlegt. Dort sieht er den Sonnenschein und denkt an den Zoo. Da er endlich raus will und seine Mutter die Wahlmöglichkeiten sehr zugewandt vorträgt, lässt er sich wahrscheinlich am Ende darauf ein. Vielleicht war das der entscheidende Stoß, sich ans Telefonieren zu wagen. Oder er ergreift die Chance, zusammen mit der Mutter der Lehrkraft zu schreiben. Auch das wäre ein recht selbständiger und mutiger Schritt, denn er müsste ja eingestehen, dass er etwas nicht verstanden oder eventuell nicht gut zugehört hat.

Eine derartige Begleitung unterstützt Elias dabei, vor Problemen nicht wegzulaufen, sondern sie anzugehen und auch andere um Hilfe zu bitten. Es hilft ihm dabei, sein zurückhaltendes Wesen nicht die Oberhand über sein Tun gewinnen zu lassen und nicht in eine Vermeidungshaltung zu gehen. Das kennt der Junge sicher schon und hat es als Strategie in sich, braucht aber aufgrund seines Alters immer wieder kleine Erinnerungsstützen. Seine anleitende Mama macht ihn aktiv und beherzt. Das tut seinem Selbstwert gut.

Beziehungsorientierte Eltern – Was ist aus Elias geworden?

Elias wurde grundsätzlich einfühlsam und bestärkend begleitet. Sein schüchternes Temperament wurde gut wahrgenommen und er darin bestärkt, immer besser allein zurechtzukommen. Er kann seine Gefühle gut wahrnehmen, sich in seinem Handeln aber nicht nur von ihnen leiten lassen. Das schafft Raum für Entwicklung und Mut.

Durch die Zugewandtheit in der Begleitung kann Elias außerdem leichter annehmen, wenn seine Mutter ihm Grenzen aufzeigt oder ihm mitgibt, was sie für seine Verantwortungsbereiche hält. Das verhindert, dass sich seine Schüchternheit verfestigt und er immer wieder andere sucht, die für ihn handeln.

Durch die Beziehungsorientierung hat das Kind gute Chancen, Unangenehmes auch dann aushalten oder gar meistern zu können, wenn die gute Begleitung mal nicht an seiner Seite ist. Er wird aktiv, selbstwirksam und kann sich auch trauen, sich Hilfe zu suchen. Denn Sicherheit macht ihn unabhängig, verlässliche Regulationshilfe macht ihn anspannungsresistent. Das bestärkt seine Fähigkeit, Herausforderungen allein zu bewältigen. **Damit hat er beste Chancen auf gutes Lernen in allen Bereichen und eine gesunde Persönlichkeitsentwicklung.**

BEZIEHUNG TUT GUT

Echtes Mitgefühl gepaart mit zugewandter Anleitung tut einem Kind grundlegend gut, auch wenn sich der Weg manchmal – für beide Seiten – unangenehm anfühlt. Die Konflikte sind konstruktiv und stärkend. In Beziehung kannst du dein Kind aktiv annehmen und ihm zugewandt Entwicklungsgelegenheiten zumuten.

Marie, die Wilde

Herrische Eltern – Spielgruppe

Marie und ihr Vater gehen seit einiger Zeit einmal pro Woche in eine Spielgruppe. Hier sind acht weitere Kinder mit je einem Elternteil. Die Gruppenleitung hat in einer Turnhalle aus Motorik-Elementen einen kleinen Parcours aufgebaut. Mittig stehen mehrere Lochkartons, aus denen die robbenden und krabbelnden Kinder Bauklötze und andere Dinge herausholen oder zurücksortieren können. Alle teilnehmenden Kinder sind zwischen acht und zehn Monaten alt.

Einige der anderen Kinder fremdeln seit Kurzem im Kurs, doch Marie merkt man nichts davon an. Sie ist eine wahre Frohnatur und entdeckt mutig die Welt. Leider kann sie Risiken noch nicht abschätzen und tut sich häufiger weh. Und manchmal geht sie auch zu impulsiv auf die anderen Kinder zu, sodass sie von manchen in der Gruppe schon ein wenig ängstlich beäugt wird. Der Vater empfindet das als außergewöhnlich anstrengend, weil ständig irgendetwas zu regeln ist. Heute erhofft er sich eine Pause durch das ablenkende Spielmaterial in der Gruppe.

Er kommt in den Raum, als schon einige Eltern und Kinder dort sind. Die Babys spielen bereits an den Aufbauten. Er streift seine Schuhe ab, setzt Marie in die Mitte der Spielzeuge und geht an den Rand zu einer Bekannten, um zu erzählen, wie es ihm gerade geht.

Marie blickt sich um. Sie krabbelt zum erstbesten Karton und zieht sofort einige Bauklötze heraus. Dann bemerkt sie in ihrer Nähe ein weiteres Kind und möchte Kontakt aufnehmen. Sie schüttelt die Hand mit dem Bauklotz darin in seine Richtung und lässt ihn plötzlich los, sodass er das andere Kind am Kopf trifft, was ihren Vater sofort wütend macht.

Überlege und notiere:

- Was braucht das Kind?
- Was macht der herrische Vater?
- Wie beeinflusst diese Reaktion das Kind?
- Welche Strategien nimmt es sich mit?
- Was geschieht womöglich mit seinem Selbstwert, wenn es ständig eine herrische Bezugsperson erlebt?

Denk daran: Herrische Eltern suchen sich Sicherheit über Macht und Kontrolle. Sie arbeiten mit Angst und Distanz.

Was geschieht hier wohl? Hast du alles beantwortet? Dann vergleiche jetzt:

Lösung

Die wilde Marie benötigt Regulationshilfe, also eine sensible Begleitung durch einen Erwachsenen, um mit aufkommenden Gefühlen zurechtzukommen. Sie ist zwar mutig, offen und neugierig, sodass sie selbst sich damit wohlfühlt, ohne starke Nähe in den Kurs zu starten. Aber Übermut und Kontaktsuche kann sie nicht allein händeln, was ja bereits aufgefallen war. Das Erkunden schätzt und genießt der der Vater vermutlich, weil so Raum für ihn bleibt. Die Vehemenz in Maries Verhalten hingegen stört ihn. **Da er emotional eher distanziert ist, also bei Maries Gefühlen gar nicht mitschwingt, und Sicherheit durch Macht sucht,** wird er seine Tochter eventuell energisch anfassen und verhindern, dass sie weitermacht. *„Das macht man nicht!“*, *„Was fällt dir denn ein?“*, vielleicht auch *„Dann darfst du nicht mehr an den Bauklötzen spielen!“* könnten seine Reaktionen sein, vielleicht in einem lauten, aggressiven Ton. Denn er sieht eher nicht, dass er sie hätte begleiten müssen, und greift noch dazu eher strafend als helfend ein. Möglicherweise würde er sie wütend aus der Situation entfernen, ohne dass das für Marie absehbar gewesen wäre.

Das heißt für Marie, dass sie nicht gezeigt bekommt, wie sie spielen und Kontakt aufnehmen kann. Niemand begleitet ihr Tun und vermittelt das richtige Maß. Sie wird in ihrer Wildheit und Kontaktfreudigkeit nicht liebevoll begrenzt und ihr werden keine Alternativen zu ihrem Tun aufgezeigt. Es wird nur auf ihr Verhalten reagiert, allerdings recht unvorhersehbar und damit beängstigend. Sie erfährt weder Sicherheit noch Unterstützung. Erlebt sie dies immer wieder, wird ihre Strategie vielleicht sein, sich noch heftiger zu zeigen, um zu signalisieren, dass sie Begleitung und Sicherheit sucht. Oder sie wird sich trotz ihres Temperamentes eventuell zurückziehen, wenn sie immer wieder bestraft wird und die Welt nicht entdecken darf.

Ihr Selbstwert und ihr lebensfrohes Starten in die Welt werden darunter wahrscheinlich leiden.

Herrische Eltern – Supermarkt

Marie ist inzwischen vier Jahre alt. Mit ihrem Vater ist sie einkaufen, nachdem er sie aus dem Kindergarten abgeholt hat. Sie ist müde und hungrig. Er hat sie in den Einkaufswagen gesetzt, damit er Marie in Sicherheit weiß. Der Vater hetzt durch die Gänge und sucht alle Dinge zusammen, die auf seinem Zettel stehen. Auch er ist k.o. und möchte rasch zum Abendessen nach Hause. Als er das zweite Mal ablehnt, dass Marie sich etwas am Regal aussuchen darf, ist bei dem Mädchen alles an Geduld und Kooperationsbereitschaft aufgebraucht. Sie steht im Wagen auf, stampft, fängt an zu weinen und greift nach ihrem Vater, der lästig abwehrend reagiert.

Überlege und notiere:

- Was braucht das Kind?
- Was macht der Vater?
- Wie beeinflusst diese Reaktion das Kind?
- Welche Strategien nimmt es sich mit?
- Was geschieht womöglich mit seinem Selbstwert, wenn es ständig eine herrische Bezugsperson erlebt?

Denk daran: Herrische Eltern suchen sich Sicherheit über Macht und Kontrolle. Sie arbeiten mit Angst und Distanz.

Vergleiche deine Ideen mit der Lösung:

Lösung

Das forsche Mädchen ist müde vom Tag in der Betreuung, aber hat grundsätzlich Lust auf Erlebnisse. Sie kann nicht gut selbst dafür sorgen, sich nach all den Reizen des Tages ein bisschen abzuschirmen und will auch im Supermarkt aktiv mitmischen. Hunger und Erschöpfung verhindern dabei, dass sie noch kooperativ und sinnvoll agieren kann. Als sie sich am Regal nichts für ihren knurrenden Magen aussuchen darf, kommt der Groll in ihr hoch und sie tobt.

Der Vater reagiert eher kühl, distanziert, vielleicht laut und ablehnend. Wahrscheinlich wird er schimpfen, Marie kein Angebot machen, um satt zu werden und Nähe zu spüren, und ihren Unmut wird er nur rasch stoppen wollen. Sie bräuchte Hilfe dabei, zu lernen, wie sie das Wutgefühl gut herauslassen kann: Da ist Anspannung in ihrem Körper, die in ihrem Alter über Bewegung oder auch Laustärke abreagiert werden kann und muss. Eine zugewandte Bezugsperson, die Mitgefühl, Verständnis und auch körperliche Nähe anbietet, wäre die beste Unterstützung. Vielleicht wird der herrische Vater aber stattdessen auch eine Drohung oder eine Strafe aussprechen. Sie ist „schon“ vier Jahre alt – da gehen viele Eltern davon aus, dass Kinder sich im Griff haben müssten und Wutanfälle bewusst gesteuert würden. Das ist aus entwicklungspsychologischer

Sicht aber keinesfalls so. **Ein herrischer Elternteil wird das Kind jedoch eher nicht in seinem Entwicklungsstand sehen, sondern sein Verhalten strafend mit einem „Gegenangriff“ beantworten.**

Wie schon in der Spielgruppenzeit fehlen Marie Regulationshilfe und verständnisvoller Beistand. Je nachdem, ob sie ihre Unsicherheit und ihr Gefühl des Alleingelassenseins nach außen oder nach innen auslebt, wird sie noch vehementer oder aber verschreckt ruhig werden, um mit dem Stress zurechtzukommen. Mit ihrem wilden Temperament ist eine eher aggressive Strategie wahrscheinlicher, aber auch Resignation aus Angst ist möglich. Gut geht es ihr so oder so sicher nicht.

Eventuell machen die Erfahrungen Maries Selbstwert eher klein, denn der Eindruck von Wertigkeit und Selbstbestimmung wird ihr nicht vermittelt. Vielleicht wird das Selbstwertgefühl aber auch für Außenstehende unangebracht groß wirken, weil ihr Nähe so sehr verwehrt und sie ständig auf sich selbst zurückgeworfen wird. *„Ich gegen alle!“* – Arroganz bis hin zu einer narzisstischen Persönlichkeitsstörung können im schlimmsten Fall langfristig aus solchen immer wieder erlebten Zurückweisungen und fehlender Beziehung entstehen. Man nennt das auch **„Maskierte Unsicherheit“**: innen sehr wackelig und haltlos, außen hart und cool, um die wahren Gefühle zu verbergen. Tatsächlich schrumpft damit auch der Selbstwert und gute Gefühle erwachsen nicht (mehr) aus der Person selbst, sondern nur in der Interaktion und durch das Niedermachen anderer. Das bedeutet, Marie könnte schon jetzt Probleme im Kreis der Gleichaltrigen haben.

Herrische Eltern – Hausaufgaben

Marie ist jetzt sechs Jahre alt und hat schon fast die erste Klasse geschafft. Sie kann bereits etwas lesen und schreiben. Die Schule ist oft spannend, aber auch fordernd, weil die Klassengemeinschaft groß ist und die Vormittage lang und laut sind. Nicht immer ist jemand da, der ihr hilfreich regulierend begegnen kann. In der Hausaufgabenbetreuung ist sie froh, wenn die betreuende Person sich ein bisschen Zeit nehmen kann, um ihr zu helfen. Manchmal schafft sie trotzdem nicht alle Aufgaben, weil sie rasch unruhig ist und dort selten Bewegungspausen machen kann. Dann muss sie am Wochenende nacharbeiten. Diese Woche hat sich viel angestaut: Ein umfangreiches Blatt ist für Sachkunde zu bearbeiten. Das Wetter ist schön und sie würde lieber nicht am Schreibtisch sitzen. Noch dazu versteht sie nicht alle Arbeitsaufträge. Ihr Vater steht neben ihr und fordert sie auf, endlich voranzukommen. Er möchte auch lieber raus in die Sonne. Ihrer Bitte, ihr etwas zu erklären, kommt er zweimal nach und Marie mag es, wie er sie beim Arbeiten begleitet. Doch bei der dritten Rückfrage wird er ungehalten: *„Ich kann mir nicht vorstellen, dass die anderen das nicht allein können. Immer brauchst du mich. Jetzt mach mal voran!“*

Überlege und notiere:

- Was braucht das Kind?
- Was macht der Vater?
- Wie beeinflusst diese Reaktion das Kind?
- Welche Strategien nimmt es sich mit?
- Was geschieht womöglich mit seinem Selbstwert, wenn es ständig eine herrische Bezugsperson erlebt?

Denk daran: Herrische Eltern suchen sich Sicherheit über Macht und Kontrolle. Sie arbeiten mit Angst und Distanz.

Hast du alles bedacht? Schau nach:

Lösung

Marie fällt es aufgrund ihres Wesens noch schwer, in der großen Klasse ohne enge Begleitung gut aufzupassen. Sie möchte die Aufgaben erledigen, aber schafft das nicht allein. Bei allem rund um die Schule zeigt der Vater immer Interesse und Hilfsbereitschaft, aber er kanzelt seine Tochter auch rasch ab, wenn es irgendwo hakt. Er wird eventuell also noch stärker meckern und wenn Marie nicht allein zur Lösung findet, eine Strafe aussprechen. **Er sieht nicht, dass es in seiner Verantwortung läge, zu motivieren und zu helfen, damit das Kind die Arbeit übernehmen kann.**

Marie spürt wahrscheinlich Angst, ist entmutigt und frustriert. Die Hausaufgabe wird sie verzweifelt angehen wollen, um nicht noch mehr Ablehnung zu spüren. Oder sie wird nur das Negative fühlen und sich dagegen auflehnen. Eine Lösung, wie sie die Aufgabe erledigen kann, ist nicht in Sicht. Wahrscheinlich wird es an diesem Wochenende noch einiges an Streit geben. Maries Selbstwertgefühl dürfte durch ständig ähnlich ablaufende Situationen sehr geschwächt werden.

So ein dauerhafter Leistungsdruck ohne echten Blick auf das Kind kann dazu führen, dass Erfolge einen ungesunden Stellenwert in Maries Leben erlangen. Entweder wird sie dem Druck standhalten und gute Leistungen erzielen, dabei aber den Preis bezahlen, sich selbst und ihre Gefühle und Bedürfnisse aus den Augen zu verlieren. Oder sie wird unter dem Druck spüren, dass sie den Erwartungen nicht gerecht werden kann. Dadurch kann sie sich dauerhaft als minderwertig empfinden.

Herrische Eltern – Was ist aus Marie geworden?

Lösungssuche ist nicht Teil der Konfliktbewältigung zwischen Vater und Tochter, sodass Marie in ihrer Persönlichkeitsentwicklung Probleme haben wird. Auch Marie hat das universelle Bedürfnis nach einer sicheren Bindung an ihre Eltern und wird sich für ein Sicherheitsgefühl so gut sie kann verbiegen, um wenig Strafe zu erhalten und wenig Abwendung zu spüren. Vielleicht wird sie versuchen, „brav zu sein“, ihr wildes Temperament „in den Griff zu kriegen“. Vielleicht wird sie vor lauter Belastung aber auch irgendwann in die Gegenwehr gehen. Und sie hat **einen guten Grund** dafür, sie erlebt es ja nicht anders. Ihr Temperament lässt sie vermutlich eher Angriff statt Rückzug als Bewältigungsstrategie wählen: zurückschreien, ebenfalls distanzieren, eigentlich Beziehung suchen, aber schließlich versuchen, allein zurechtzukommen. Leistungsbereitschaft könnte ihr parallel (oberflächliche) Zuneigung einbringen.

Viele Entwicklungswege sind möglich, aber keiner davon ist ganz unproblematisch. Mit einem gesunden Selbstwertgefühl und einem empathischen Umgang mit anderen wird Marie sich eher schwertun. Ihre angeborene Forschheit wird sie ohne feinfühlige Begleitung schlecht regulieren lernen. Ihr Arbeitsmodell in Bezug auf Bindung ist wahrscheinlich eher unsicher und ausweichend.

AUSWIRKUNGEN HERRISCHEN ERZIEHUNGSVERHALTENS

Die starke, distanzierte Kontrolle verhindert eine gute Eltern-Kind-Beziehung. Es fehlen Annehmen und Zugewandtheit. Das Machtgefälle kann das wilde Kind zur aggressiven Gegenwehr veranlassen oder aber zu stressvoller Anpassung führen.

Abwesende Eltern – Spielgruppe

Marie und ihr Vater gehen seit einiger Zeit einmal pro Woche in eine Spielgruppe. Hier sind acht weitere Kinder mit je einem Elternteil. Die Gruppenleitung hat in einer kleinen Turnhalle aus Motorik-Elementen einen kleinen Parcours aufgebaut. Mittig stehen mehrere Lochkartons, aus denen die robbenden und krabbelnden Kinder Bauklötze und andere Dinge herausholen oder zurücksortieren können. Alle teilnehmenden Kinder sind zwischen acht und zehn Monaten alt.

Einige der anderen Kinder fremdeln seit Kurzem im Kurs, doch Marie merkt man nichts davon an. Sie ist eine wahre Frohnatur und entdeckt mutig die Welt. Leider kann sie Risiken noch nicht abschätzen und tut sich häufiger weh. Und manchmal geht sie auch zu impulsiv auf die anderen Kinder zu, sodass sie von manchen in der Gruppe schon ein wenig ängstlich beäugt wird. Der Vater empfindet das als außergewöhnlich anstrengend, weil ständig irgendetwas zu regeln ist. Heute erhofft er sich eine Pause durch das ablenkende Spielmaterial in der Gruppe.

Er kommt in den Raum, als schon einige Eltern und Kinder dort sind. Die Babys spielen bereits an den Aufbauten. Er streift seine Schuhe ab, setzt Marie in die Mitte der Spielzeuge und geht an den Rand zu einer Bekannten, um zu erzählen, wie es ihm gerade geht.

Marie blickt sich um. Sie krabbelt zum erstbesten Karton und zieht sofort einige Bauklötze heraus. Dann bemerkt sie in ihrer Nähe ein weiteres Kind und möchte Kontakt aufnehmen. Sie schüttelt die Hand mit dem Bauklotz darin in seine Richtung und lässt ihn plötzlich los, sodass er das andere Kind am Kopf trifft, was der Vater versucht zu übersehen.

Überlege und notiere:

- Was braucht das Kind?
- Was macht der Vater?
- Wie beeinflusst diese Reaktion das Kind?
- Welche Strategien nimmt es sich mit?
- Was geschieht womöglich mit seinem Selbstwert, wenn es ständig eine abwesende Bezugsperson erlebt?

Denk daran: Abwesende Eltern suchen sich Sicherheit über Abgabe von Kontrolle, das Nichtangehen der Elternaufgabe. Sie arbeiten mit Ignoranz und Distanz.

Was wird Marie hier erleben? Vergleiche deine Ideen mit der Lösung:

Lösung

Die wilde Marie benötigt eine Bezugsperson, die sie die Welt entdecken lässt, aber ihr bei der Regulation behilflich ist. Ihr Vater lässt sie allein und wird sich auch eher nicht um einen Konflikt kümmern. Eventuell wird ihn nur der soziale Druck in der Gruppe dazu bringen, verspätet in die Situation einzusteigen, Marie vielleicht abzulenken und woanders spielen zu lassen. Damit es in der Gruppe keinen Stress gibt, wird er sie vielleicht auch wenig begeistert auf den Schoß nehmen, um sie zu beruhigen. Die Wildheit stresst und nervt ihn.

Das heißt für Marie, dass sie keine echte Zuwendung und keine Unterstützung erlebt. Sie wird alleingelassen. Ihre Bindungssuche wird sie vermutlich als wildes Kind mit wachsender Vehemenz wagen und sich aggressiv zeigen. Marie wird sich dabei ziemlich verloren fühlen und einen eher niedrigen Selbstwert ausbilden: Sie wird sich wahrscheinlich als unwichtig erleben. Ein Gefühl, dass ihr bleiben wird. Lernen und Entwicklung sind so nicht optimal möglich.

Die anderen Eltern werden sich sowohl mit Marie als auch mit ihrem Vater eher unwohl fühlen. **Wenn sie ihre Wildheit auslebt, müsste diese eigentlich zugewandt abgemildert und korrigiert werden. Das unterbleibt.** Das Mädchen kann wahrscheinlich nahezu ungehindert seine Lust auf Entdeckungen ausleben, aber wird im sozialen Miteinander schlechte Erfahrungen machen.

Abwesende Eltern – Supermarkt

Marie ist inzwischen vier Jahre alt. Mit ihrem Vater ist sie einkaufen, nachdem er sie aus dem Kindergarten abgeholt hat. Sie ist müde und hungrig. Er läuft durch die Gänge und sucht alle Dinge zusammen, die auf seinem Zettel stehen. Marie lässt er hinter sich herlaufen. Sie bleibt oft stehen und fasst viele Sachen an, aber das kümmert ihn nicht weiter. Auch er ist k.o. und möchte rasch zum Abendessen nach Hause. Als beide an der Kasse ankommen, sieht er, dass Marie einige viel zu teure Sachen in den Einkaufswagen gelegt hat. Er nimmt die Dinge und drückt sie seiner Tochter in die Hand, weil er sich nicht damit auseinandersetzen will: *„Bring die mal zurück. Das kann ich nicht bezahlen.“* Das energielose Kind wirft die Sachen auf den Boden und fängt an zu toben.

Überlege und notiere:

- Was braucht das Kind?
- Was macht der Vater?
- Wie beeinflusst diese Reaktion das Kind?
- Welche Strategien nimmt es sich mit?
- Was geschieht womöglich mit seinem Selbstwert, wenn es ständig eine abwesende Bezugsperson erlebt?

Denk daran: Abwesende Eltern suchen sich Sicherheit über Abgabe von Kontrolle, das Nichtangehen der Elternaufgabe. Sie arbeiten mit Ignoranz und Distanz.

Vergleiche deine Ideen mit der Lösung:

Lösung

Die forsche Marie ist k.o. vom Tag in der Betreuung, aber hat immer noch Lust, ihre Welt zu entdecken. **Sie bräuchte jemanden, der ihr dabei hilft, zu verstehen, welches Verhalten okay ist und welches nicht.** Die Bezugsperson sollte ihr Angebote machen, wo sie helfen oder entscheiden kann, damit sie trotz Müdigkeit und Hunger die Zeit im Supermarkt gut übersteht. Als sie schließlich wütend auf die Ablehnung ihres Vaters reagiert hat, hätte es ihr geholfen, wenn er hingesehen hätte, warum sie auch Produkte aussuchen wollte und wieso sie wütend war.

Der Vater ignoriert ihr Verhalten beim Bezahlvorgang vermutlich so gut es geht. Wieder wird nur sozialer Druck durch Personal oder andere Kunden ihn veranlassen, wenigstens ein bisschen Engagement zu zeigen. Dann wird er wohl die Produkte beiseite räumen, aber sich wieder nicht dem Kind zuwenden. Vielleicht setzt er die tobende Marie schnell in den Wagen, um das Problem erst einmal „zu lösen“.

Marie kennt es schon, dass sie nicht verstanden und nicht begleitet wird. Sie reagiert immer wieder mit extremem Übermut darauf und wird ihrem Vater und auch anderen Menschen dadurch kontinuierlich unangenehmer. Der abwesende Elternteil wird sie damit immer mehr sich selbst überlassen, wenn möglich.

Abwesende Eltern – Hausaufgaben

Marie ist jetzt sechs Jahre alt und hat schon fast die erste Klasse geschafft. Sie kann bereits etwas lesen und schreiben. Die Schule ist oft spannend, aber auch fordernd, weil die Klassengemeinschaft groß ist und die Vormittage lang und laut sind. Nicht immer ist jemand da, der ihr hilfreich regulierend begegnen kann. In der Hausaufgabenbetreuung ist sie froh, wenn die betreuende Person sich ein bisschen Zeit nehmen kann, um ihr zu helfen. Manchmal schafft sie trotzdem nicht alle Aufgaben, weil sie rasch unruhig ist und dort selten Bewegungspausen machen kann. Dann muss sie sie am Wochenende nacharbeiten. Diese Woche hat sich viel angestaut: Ein umfangreiches Blatt ist für Sachkunde zu bearbeiten. Das Wetter ist schön und sie würde lieber nicht am Schreibtisch sitzen. Noch dazu versteht sie nicht alle Arbeitsaufträge.

Gerne möchte sie, dass ihr Vater ihr hilft, doch er meinte nur: *„Du kannst das allein. Und es ist ja auch dein Schulkram.“* Sie ist allein, überfordert. Ihre Eltern waren morgens einkaufen und sind jetzt schon raus in den Park gegangen. Sie solle nachkommen, wenn sie wolle, haben sie gesagt. Marie möchte die Hausaufgabe aber machen, weil ihre Lehrerin sich dann immer so freut. Das tut ihr gut. Aber sie kommt nicht voran, ist unkonzentriert und hört irgendwann auf. Dann folgt sie ihren Eltern nach draußen.

Überlege und notiere:

- Was braucht das Kind?
- Was macht der Vater?
- Wie beeinflusst diese Reaktion das Kind?
- Welche Strategien nimmt es sich mit?
- Was geschieht womöglich mit seinem Selbstwert, wenn es ständig eine abwesende Bezugsperson erlebt?

Denk daran: Abwesende Eltern suchen sich Sicherheit über Abgabe von Kontrolle, das Nichtangehen der Elternaufgabe. Sie arbeiten mit Ignoranz und Distanz.

Schau nach, ob du alles gesehen hast:

Lösung

Da Marie eher etwas ungestüm ist und immer neugierig auf neuen Input, fällt ihr das Konzentrieren und Arbeiten in der ersten Klasse noch etwas schwer. Sie braucht Begleitung, Ermunterung und Hilfe. Das alles bekommt sie in der Schule nach den dortigen Möglichkeiten und schätzt das auch. Zu Hause bekommt sie nichts davon: *„Du kannst das allein. Und es ist ja auch dein Schulkram.“* Solche Aussagen überfordern Marie. Der Vater überlässt ihr jede Verantwortung für die Schulsachen und ihre Tagesgestaltung, anstatt ihr in zugewandter Art das Bewältigen begleitet zuzumuten.

Marie fühlt sich sicher alleingelassen und hat wahrscheinlich über die Jahre auch nicht gelernt, einen guten Zugang zu ihren Gefühlen und Bedürfnissen zu bekommen. Denn eigentlich lernen Kinder eine gute Gefühlsregulation besonders über die Reaktion der Eltern. Doch Marie wurde nie nach ihren Gefühlen gefragt und erlebte auch keine stimmigen Rückmeldungen zu ihrem Verhalten. So hatte sie keine Chance, ihre Gefühle gut zu erkennen und auszuleben. Das ist ein hoher Risikofaktor für die Entwicklung psychischer Störungen, insbesondere Depressionen und Ängste.

Auch Motivation und Konzentration sind nicht gefördert worden. Vielleicht werden ihr die Schulaufgaben immer egaler, vielleicht spürt sie auch Druck von Schulseite und Frust beim Nichterledigen. Ihr wildes Wesen könnte dann dazu beitragen, dass sie sich tendenziell aggressiv zeigt. Der jedem Kind innewohnende Wunsch nach Bindung könnte auslösen, dass sie die innere Anspannung durch die fehlende Elternbegleitung (und mögliche schulische Misserfolge) zu Hause und anderswo als Aggressionen herauslässt.

Ihr Selbstwert dürfte eher gering sein, aber eventuell merkt man das nicht auf den ersten Blick. Mangelnde soziale Kompetenz durch die Abwesenheit der Eltern kompensiert sie vielleicht über Distanz, Kühle und Egozentrik.

Abwesende Eltern – Was ist aus Marie geworden?

Marie kennt zu Hause keine Beziehungen, keine begleitende Regulation, kein Wahrnehmen der Gefühle bei sich und anderen. Sie ist sehr alleingelassen und auf sich gestellt. Konflikte werden gar nicht erst angegangen und Probleme schon gar nicht gelöst. Ihr wildes Wesen lässt sie wahrscheinlich in eine Art Angriffsmodus übergehen: *„Nehmt mich wahr!"* Auseinandersetzungen anzuzetteln kann für sie positiver besetzt sein als gar kein Feedback zu bekommen. Abwesende Eltern tun weh.

Ihre Persönlichkeitsentwicklung wird erschwert, besonders wenn niemand im Umfeld ihr wenigstens anteilig geben kann, was ihr zu Hause fehlt. Spätestens im Jugendalter könnten die mangelnde Regulationsfähigkeit und auch fehlende Empathie ihr das Leben richtig schwer machen. Lehrkräften begegnet sie möglicherweise sehr ablehnend. Vielleicht versucht sie, Selbstwertgefühl aus unguten Dingen zu ziehen (Mobbing, Süchte); und Marie hat **einen guten Grund** dafür.

Ihr Arbeitsmodell in Bezug auf Bindung ist ein unsicheres. Beziehungen lässt sie wahrscheinlich ähnlich schlecht zu wie ihre Eltern.

IGONRANZ HAT FOLGEN

Ignoranz und Distanz torpedieren das Bindungsbedürfnis eines Kindes. Das Kind erlebt weder aktives Annehmen noch zugewandtes Zumuten. Mit wildem Temperament wird es wahrscheinlich auffällig reagieren – und nicht selten wird ihm selbst dieses Verhalten angelastet werden.

Verwöhnend überfürsorgliche Eltern – Spielgruppe

Marie und ihr Vater gehen seit einiger Zeit einmal pro Woche in eine Spielgruppe. Hier sind acht weitere Kinder mit je einem Elternteil. Die Gruppenleitung hat in einer kleinen Turnhalle aus Motorik-Elementen einen kleinen Parcours aufgebaut. Mittig stehen mehrere Lochkartons, aus denen die robbenden und krabbelnden Kinder Bauklötze und andere Dinge herausholen oder zurücksortieren können. Alle teilnehmenden Kinder sind zwischen acht und zehn Monaten alt.

Einige der anderen Kinder fremdeln seit Kurzem im Kurs, doch Marie merkt man nichts davon an. Sie ist eine wahre Frohnatur und entdeckt mutig die Welt. Leider kann sie Risiken noch nicht abschätzen und tut sich häufiger weh. Und manchmal geht sie auch zu impulsiv auf die anderen Kinder zu, sodass sie von manchen in der Gruppe schon ein wenig ängstlich beäugt wird. Der Vater empfindet das als fordernd, weil ständig irgendetwas zu regeln ist und es zu Konfliktsituationen mit Fremden kommt. Die Spielgruppe besucht er trotzdem, denn er hat Angst, Marie verpasst etwas, wenn er sich mit ihr einigelt. Er möchte ihr nichts vorenthalten. Außerdem ist er sich recht sicher, dass seine Art der Begleitung dem Mädchen alles gibt, was sie braucht, und zeigt dies den anderen Eltern in der Gruppe gern.

Er kommt als einer der ersten in den Raum, streift seine Schuhe ab, setzt Marie in die Mitte der Spielzeuge und setzt sich dazu.

Marie blickt sich um. Sie krabbelt zum erstbesten Karton und zieht sofort einige Bauklötze heraus. Als ein weiteres Baby dazukommt, freut sie sich und möchte Kontakt aufnehmen. Sie schüttelt die Hand mit dem Bauklotz darin in seine Richtung und lässt ihn plötzlich los, sodass er das andere Kind am Kopf trifft. Ihr Vater zuckt sofort stark zusammen.

Überlege und notiere:

- Was braucht das Kind?
- Was macht der Vater?
- Wie beeinflusst diese Reaktion das Kind?
- Welche Strategien nimmt es sich mit?
- Was geschieht womöglich mit seinem Selbstwert, wenn es ständig eine verwöhnend überfürsorgliche Bezugsperson erlebt?

Denk daran: Verwöhnend überfürsorgliche Eltern suchen sich Sicherheit über Konfliktscheue und Wunscherfüllung. Sie arbeiten mit starker Präsenz und übermäßiger Fürsorglichkeit.

Vergleiche deine Ausarbeitung mit der Lösung:

Lösung

Maries Vater wird wahrscheinlich erschrocken sein, dass er nicht schnell genug reagiert hat. Er möchte die Situation wieder unter Kontrolle bringen, also raus aus einer möglichen anstrengenden Konfliktsituation. Zurück in die Harmonie. Vielleicht wird er sie festhalten, bei Unmut dann stark trösten und versuchen, sie woanders spielen zu lassen. Der Aufbau oder das andere Kind könnten für ihn „die Schuldigen" sein.

Die wilde Marie benötigt seine Unterstützung, aber nicht im Übermaß. Sie möchte erkunden und anderen begegnen. Der Vater müsste ihr dabei helfen, das angebotene Material entweder behutsamer zu nutzen oder für sie eine Auswahl treffen. Ihre Lust auf das Spielen wird zusammen mit ihrem Temperament wieder eher fordernd sein, gerade wenn unter den anderen Kindern einige sind, die zurzeit stärker fremdeln. Ihr Vater hemmt dies und bleibt zu eng und zu eingreifend an ihrer Seite. Eventuell verlässt er die Gruppe dann (mal wieder) frühzeitig.

Das heißt für Marie, dass sie mehr Nähe bekommt als sie braucht, und zwar in Form von Übervorsichtigkeit. Für ihre Lust nach Erkundungstouren schafft ihr Vater keinen hilfreichen Rahmen, sondern regelt zu stark und hemmt sie damit. Maries Bindungssystem verunsichert er damit eher, denn ihre Signale werden nicht gesehen. Stattdessen ist ihm wichtig, was ER braucht, um die Situation gut zu finden.

Das Mädchen reagiert darauf in Folge vermutlich mit viel Unsicherheit und geringerem Selbstwertgefühl. Es bekommt vorgelebt, dass weder ihre Bedürfnisse noch das Umfeld beachtet werden. Der Vater ist sehr bei sich und seinem Harmoniebedürfnis. In Marie können Glaubenssätze entstehen wie: *„Die Welt ist gefährlich“* und *„Ich kann nichts allein“*, da sie die Welt nicht altersangemessen und selbstständig erkunden kann. Solche Grundüberzeugungen beeinflussen unsere Gefühlswahrnehmung: *„Alles ist riskant. Ich muss vorsichtig sein. Allein gehe ich das lieber nicht an.“* Derartige Vorstellungen könnten in Marie als Grundmuster verankert sein. Und das wird schließlich beeinflussen, wie sie durchs Leben geht, wie stark sie sein kann, wie sicher sie sich verhält. Im schlechten Fall kann eine derartige Ausgangslage später beispielsweise zu depressiven Zügen führen.

Verwöhnend überfürsorgliche Eltern – Supermarkt

Marie ist inzwischen vier Jahre alt. Mit ihrem Vater ist sie einkaufen, nachdem er sie aus dem Kindergarten abgeholt hat. Sie ist müde und hungrig. Er hat sie in den Einkaufswagen gesetzt, damit er Marie in Sicherheit weiß, streichelt ihr immer wieder die Wange und öffnet ihr gleich am ersten Regal einen Fruchtriegel, auf den sie zeigt. Dann eilt er durch die Gänge, denn er möchte rasch zum Abendessen nach Hause, weil er spürt, dass seine Tochter vom Kindergartentag geschafft ist. Wenn sie nicht pünktlich um 18 Uhr Abendbrot isst, schafft sie den Abschied vom Tag sehr schlecht und die Einschlafbegleitung dauert sehr lange.

Als Marie vom Wagen aus etwas aus einem Regal zieht, nimmt er es ihr direkt aus der Hand: *„Das ist schön bunt, das gefällt dir. Verstehe ich. Aber schau mal, da ist jede Menge Zucker drin. Das möchte ich nicht kaufen."* Er legt es zurück. Marie beginnt zu weinen und zu toben. Sie stemmt sich kräftig aus dem Wagen heraus und in Richtung des Regals. Das passiert ganz von selbst, aber es läuft oft so, denn dann wendet sich ihr Vater ihr immer verstärkt zu, erklärt unermüdlich, allerdings für das Kind sehr überfordernd, seine Sicht und seine Gefühlswelt. Er rechtfertigt sich dann ausgiebig und geradezu erdrückend. Und manchmal erfüllt er ihr doch noch einen Wunsch.

Überlege und notiere:

- **Was braucht das Kind?**
- **Was macht der Vater?**
- **Wie beeinflusst diese Reaktion das Kind?**
- **Welche Strategien nimmt es sich mit?**
- **Was geschieht womöglich mit seinem Selbstwert, wenn es ständig eine verwöhnend überfürsorgliche Bezugsperson erlebt?**

Denk daran: Verwöhnend überfürsorgliche Eltern suchen sich Sicherheit über Konfliktscheue und Wunscherfüllung. Sie arbeiten mit starker Präsenz und übermäßiger Fürsorglichkeit.

Das ist eine schwierige Situation. Wie hast du Vater und Tochter eingeschätzt? Vergleiche:

Lösung

Auch jetzt versucht der Vater bestimmt, sie liebevoll anzusprechen und zu beruhigen, doch seine wilde Tochter kann sich nicht entspannen. Sie wird lauter und schlägt um sich. Ihr Vater nimmt sie aus dem Wagen und redet ganz leise und ruhig auf sie ein, doch sie wirft sich hin und hört ihn nicht. Einige Kunden beobachten die Szene und kommentieren sie auch. Er fühlt sich nicht wohl. Eine Verkäuferin kommt dazu und sagt, er müsse das jetzt wirklich mal beenden.

Der Vater bremst Marie aufgrund SEINER Bedürfnisse immer wieder aus, wenn sie mitmachen und Dinge ausprobieren möchte. Er übersieht dabei ihre Bedürfnisse. Das heißt, ihre Persönlichkeit wird stark verbogen, denn sie darf den neugierigen, mutigen Teil nicht leben. Sie spürt nicht gut, was in ihr eigentlich los ist und was sie möchte. Wahrscheinlich tobt sie unreguliert stark weiter, weil ihr Vater ihr wieder ihren Willen erfüllen wird, aus Sorge, „ihr etwas Schlechtes anzutun". Ein erst einmal ruhiggestelltes, glückliches Kind hat außerdem eine gute Außenwirkung.

Eventuell raunzt er auch die Verkäuferin an, um dem Supermarkt die Schuld zuzuschieben, dass sein Kind die Süßigkeiten überhaupt erreichen kann. Er könnte versuchen, Marie wegzutragen und den Einkauf schnell zu beenden, um alles unter Kontrolle zu bringen und sich selbst nicht der unbehaglichen Beobachtung durch andere weiter auszusetzen. Dabei wird er versuchen, möglichst sanft und verständnisvoll zu wirken, aber dies nicht wirklich sein. Innerlich ist er voller Wut und Angst, dem Außen nicht zu genügen und kein guter Vater zu sein. Feinfühlig wäre es, wirklich zu spüren: *Was braucht mein Kind? Was kann ich gerade geben? Wie kann die Situation kindgerecht, aber auch einigermaßen okay für das Umfeld gelöst werden?*

In jedem Fall bleibt er unklar und nicht gut greifbar, da er in sich schwankt zwischen dem Blick auf sich, den Gedanken an seine Außenwirkung und der Angst vor Konflikt und Verletzung. Für Marie bleibt die Situation ungewiss, weil sie nicht spürt, was zu heftig ist, wie sie ihr Unglück gut auslassen kann oder dass ihr Vater ihr wirklich hilft. Ihrer Forschheit wird zu viel Raum gegeben, aber nicht echt helfend begegnet, sodass Marie nicht lernen kann, so mit ihr umzugehen, dass niemand Schaden nimmt.

Maries Strategie könnte es sein, die Wucht ihres Temperaments zu nutzen, um möglichst viele Wünsche rasch erfüllt zu bekommen, weil sie spürt, dass ihr Vater ihre Gefühle nicht gut aushalten kann. Oder sie nimmt sich den Weg der „Dominanz über andere“ von ihrem Vater mit, der anderen Schuld gibt, Marie ungut ausbremst und nicht wirklich Probleme löst.

So oder so ist Maries Persönlichkeitsentwicklung eher nicht gesund möglich. Sie wird wahrscheinlich Schwierigkeiten haben, im Verlauf der Entwicklung ihre Bedürfnisse zurückzustellen und sich in Gruppen einzufügen. Langfristig könnte sie dann aufgrund der Rückmeldungen die innere Überzeugung entwickeln, „falsch“ zu sein. Die Unsicherheit, die sie erlebt, wird sich also auch in ihrem Selbstwert widerspiegeln.

Verwöhnend überfürsorgliche Eltern – Hausaufgaben

Marie ist jetzt sechs Jahre alt und hat schon fast die erste Klasse geschafft. Sie kann bereits etwas lesen und schreiben. Die Schule ist oft spannend, aber auch fordernd, weil die Klassengemeinschaft groß ist und die Vormittage lang und laut sind. Nicht immer ist jemand da, der ihr hilfreich regulierend begegnen kann. In der Hausaufgabenbetreuung ist sie froh, wenn die betreuende Person sich ein bisschen Zeit nehmen kann, um ihr zu helfen. Manchmal schafft sie trotzdem nicht alle Aufgaben, weil sie rasch unruhig ist und dort selten Bewegungspausen machen kann. Dann muss sie sie am Wochenende nacharbeiten. Diese Woche hat sich viel angestaut: Ein umfangreiches Blatt ist für Sachkunde zu bearbeiten. Das Wetter ist schön und sie würde lieber nicht am Schreibtisch sitzen. Noch dazu versteht sie nicht alle Arbeitsaufträge. Ihr Vater sitzt bei ihr und möchte ihr helfen. Sie haben eben darüber gesprochen, dass Marie am Nachmittag in den Zoo will, und er hat zugestimmt, obwohl er die Unübersichtlichkeit dort nicht mag. Marie spürt seinen Unmut und kann das nicht gut aushalten. Außerdem ist das Arbeitsblatt für sie sehr anstrengend, die Aussicht auf einen Zoobesuch dagegen reizvoll. Ihr fehlt die Lust, sich um eine Lösung der Aufgaben zu bemühen und sich zu konzentrieren. Sie pfeffert das Heft auf den Boden. Der Vater ist persönlich getroffen, weil er seinem Kind nicht helfen kann, und leidet mit ihr. Außerdem spürt er in sich Wut auf die Schule, weil seinem Kind so viel und so Schwieriges aufgegeben wurde.

Überlege und notiere:

- Was braucht das Kind?
- Was macht der Vater?
- Wie beeinflusst diese Reaktion das Kind?
- Welche Strategien nimmt es sich mit?
- Was geschieht womöglich mit seinem Selbstwert, wenn es ständig eine verwöhnend überfürsorgliche Bezugsperson erlebt?

Denk daran: Verwöhnend überfürsorgliche Eltern suchen sich Sicherheit über Konfliktscheue und Wunscherfüllung. Sie arbeiten mit starker Präsenz und übermäßiger Fürsorglichkeit.

Welchen Weg ist der Vater in deinen Gedanken gegangen? Gleiche ab:

Lösung

Es ist gut möglich, dass Maries Vater das Bearbeiten der Aufgaben abbricht und direkt zum Zoo startet, weil er möchte, dass seine Tochter gut gelaunt ist. Um ihr Ärger in der Schule zu ersparen, wird er am nächsten Tag wahrscheinlich stark eingreifen und ihr die einzutragenden Texte eventuell vorsagen, wenn sie die Mitarbeit immer noch verweigert. Seine Aufgabe wäre es, Marie für den Konflikt mit der Schule zu stärken, doch er traut ihr gar nicht zu, das auszuhalten und schaffen zu können. Er beendet die Situation durch Vermeidung, was er für eine kluge Hilfe hält.

Marie kann mit ihrer Wildheit nicht gut umgehen. Sie lebt sie intensiv aus ohne gute Wege zu kennen. Schnelle Wunscherfüllung treibt sie an. Sie lernt keinen selbständigen Umgang mit ihrer Wesensart. **Auch Konfliktführung und Problemlösung lernt sie nicht.** Relevant ist eigentlich nur, dass ihr Vater sich gut fühlt. Er dominiert sie im Grunde.

Verwöhnend überfürsorgliche Eltern – Was ist aus Marie geworden?

Marie weiß nie genau, was sie erwartet: Da ist so viel Grenzenlosigkeit, liebevoll aber doch eng verpackt. **Ihr Vater entscheidet danach, wie ER sich dabei fühlt.** Wenn Wünsche erfüllbar sind, macht er das, auch auf Kosten anderer. Umstehende im Supermarkt sind genauso egal wie Lehrkräfte. Wenn irgendetwas ihn beunruhigt, schiebt er die Schuld zur Not auch auf andere und behauptet, es ginge nur so und nicht anders.

Marie erlebt eine starke Selbstbezogenheit des Vaters und eine Dominanz über sich, ohne echte Nähe. Das Verwöhnen ist wie ein liebes Streicheln in der Sonne ohne UV-Schutzcreme! Maries Forschheit kann explodieren, kommt zu Hause oder anderswo ungefiltert heraus. Kinder spüren die Gefühle ihrer Eltern. Sie haben feine Antennen und auch Marie wird merken, dass ihr Vater oft innerlich wütend wird, wenn sie impulsiv ist. Sie wird wahrscheinlich eher zu der Überzeugung kommen: *„Ich bin nicht in Ordnung“*, was zu einem geringeren Selbstwertgefühl führen kann. Sie wird ihr Gefühl von Wut zunehmend ablehnen, weil sie die Ablehnung vom Vater spürt, wenn sie impulsiv und lautstark ist. Es ist möglich, dass sie deshalb nach und nach den Zugang zu ihren Gefühlen verliert.

Es fehlen Unterstützung und Beziehung, um solche Gefühle einzuordnen und Wege zu finden, die Impulsivität zu steuern und angemessen zu leben. Stattdessen wird sie ständig zurechtgewiesen und frustriert. Das kann verursachen, dass Marie selbst an anderer Stelle spüren möchte, dass sie Macht hat. Andere könnten sie dann als „Tyrannin“ oder „Mobberin“ wahrnehmen.

Ihr Bindungsverhalten ist unsicher, erschwert Kontakte und verursacht auffälliges Verhalten. Marie hat **einen guten Grund** dafür.

FEHLENDE BEWÄLTIGUNGSKOMPETENZEN

Das ständige Wunscherfüllen tut einem Kind nicht gut. Es wird zu viel von den Eltern übernommen und ihm zu wenig zugemutet. So bekommt das Kind gar keine Gelegenheit, sich ausprobieren und auch Fehler machen zu können, um letzten Endes zu lernen, welche Strategien im Leben sinnvoll weiterhelfen. Bewältigungskompetenzen werden nicht gut erlernt. Das ist ein Nachteil für das ganze Leben und kann zu einer Vermeidungshaltung oder einem ständigen Überforderungsgefühl führen.

Beziehungsorientierte Eltern – Spielgruppe

Marie und ihr Vater gehen seit einiger Zeit einmal pro Woche in eine Spielgruppe. Hier sind acht weitere Kinder mit je einem Elternteil. Die Gruppenleitung hat in einer kleinen Turnhalle aus Motorik-Elementen einen kleinen Parcours aufgebaut. Mittig stehen mehrere Lochkartons, aus denen die robbenden und krabbelnden Kinder Bauklötze und andere Dinge herausholen oder zurücksortieren können. Alle teilnehmenden Kinder sind zwischen acht und zehn Monaten alt.

Einige der anderen Kinder fremdeln seit Kurzem im Kurs, doch Marie merkt man nichts davon an. Sie ist eine wahre Frohnatur und entdeckt mutig die Welt. Leider kann sie Risiken noch nicht abschätzen und tut sich häufiger weh. Und manchmal geht sie auch zu impulsiv auf die anderen Kinder zu, sodass sie von manchen in der Gruppe schon ein wenig ängstlich beäugt wird. Der Vater empfindet das als außergewöhnlich anstrengend, weil ständig irgendetwas zu regeln ist. Heute erhofft er sich eine Pause durch das ablenkende Spielmaterial in der Gruppe. Er ahnt aber auch, dass seine Begleitung vonnöten sein wird.

Er kommt in den Raum, als schon einige Eltern und Kinder dort sind. Die Babys spielen bereits an den Aufbauten. Er streift seine Schuhe ab und beschließt, mit Marie gemeinsam am Rand des Parcours zu starten. Er schaut, welche Kiste sie besonders zu reizen scheint und beginnt gemeinsam mit ihr, diese zu erkunden. Er bemerkt, dass sie ein ausgelegtes Seil besonders interessiert und lässt es sie greifen und bespielen. Er zeigt Marie, wie man es bewegen kann und macht einen Knoten hinein. Marie spielt daran, aber bemerkt rasch, dass ein anderes Baby Bauklötze aus einem Karton geholt hat. Sie krabbelt zu ihm, nimmt ein Hölzchen und haut dem anderen Baby spontan damit auf den Kopf.

Überlege und notiere:

- Was braucht das Kind?
- Was macht der Vater?
- Wie beeinflusst diese Reaktion das Kind?
- Welche Strategien nimmt es sich mit?
- Was geschieht womöglich mit seinem Selbstwert, wenn es ständig eine beziehungsorientierte Bezugsperson erlebt?

Denk daran: Beziehungsorientiere Eltern suchen sich Sicherheit im mitfühlenden und engagierten Miteinander. Sie helfen dem Kind gemäß seiner Bedürfnisse und Fähigkeiten bei der Regulation und der Suche nach Nähe und Entdeckerdrang. Nach Möglichkeit beachten sie auch eigene und fremde Bedürfnisse bei ihren Entscheidungen rund um das Kind.

Vergleiche mit deine Notizen:

Lösung

Die wilde Marie hat große Lust auf die Entdeckungen im Kursraum. Sie benötigt dabei eine enge Begleitung, weil sie ihre undistanzierte, übermütige Art in ihrem Alter noch nicht allein händeln kann. Ihr Vater nimmt den Kurs als ihre Erlebniszeit an und erwartet nicht viel Gesprächszeit für sich selbst. Bekommt er sie doch, kann er sich freuen, aber erst einmal unterstützt er sie gut.

Nachdem Marie dem anderen Kind unbeabsichtigt wehgetan hat, wird er sich bemühen, das andere Kind zu schützen und seiner Tochter dennoch weiteres Spielen zu ermöglichen. Er könnte ihr zeigen, wie sie ein anderes Kind anfassen kann oder wo sie den Bauklotz gefahrlos draufhauen darf.

Die wilde Marie bekommt so den nötigen Raum, um die Welt mutig in sich aufzusaugen und sich auszuprobieren, aber auch die notwendige Regulationshilfe, wenn es zu forsch wird. Das heißt, sie darf erkunden und sie darf auch lernen, um sich nach und nach sozial anpassen zu können. Marie muss nicht darauf achten, was ihr Vater will oder dass er sie überhaupt wahrnimmt. Sie kann sich gesund, sicher und selbstwirksam entwickeln.

Beziehungsorientierte Eltern – Supermarkt

Marie ist inzwischen vier Jahre alt. Mit ihrem Vater ist sie einkaufen, nachdem er sie aus dem Kindergarten abgeholt hat. Sie ist müde und hungrig. Er hat sie in den Einkaufswagen gesetzt, damit er Marie in Sicherheit weiß, streichelt ihr immer wieder die Wange und öffnet ihr gleich am ersten Regal einen Fruchtriegel, auf den sie zeigt. Dann eilt er durch die Gänge, denn er möchte rasch zum Abendessen nach Hause, weil er spürt, dass seine Tochter vom Kindergartentag geschafft ist. Er überlegt, dass es klug wäre, das Abendessen heute spontan während des Einkaufs zu erledigen, weil der Abend sonst schwierig werden könnte mit dem übermüdeten und hungrigen Kind, und lässt sie sich noch ein belegtes Brötchen an der Käsetheke aussuchen. Während Marie isst, macht er die weiteren Besorgungen.

Als das Kind vom Wagen aus etwas aus einem Regal zieht, schaut er es mit ihr an: *„Das ist schön bunt, das gefällt dir. Verstehe ich. Aber schau mal, da ist jede Menge Zucker drin. Das möchte ich nicht kaufen."* Er bittet sie, es zurückzulegen, doch Marie hält es fest und haut nach ihrem Vater. Er geht einen Schritt zurück und sagt, dass er nicht gehauen werden möchte, und erklärt, dass in der Süßigkeit auch noch andere Zutaten sind, die er nicht so gerne in ihrem Bauch haben möchte. Er bietet Marie an, wieder die Schokokringel als Nachtisch zu kaufen, die sie neulich im Zoo hatte. Doch das Mädchen kann sich nicht darauf einlassen. Es beginnt nun richtig zu toben.

Ein älterer Herr bleibt stehen und beschwert sich darüber, dass das Kind dort so laut ist! Maries Papa wendet sich ihm kurz zu und sagt, dass es ihm leidtut, wenn er sich gestört fühlt, aber er mit seiner Tochter den Umgang mit Gefühlen noch üben muss. Grummelnd geht der Herr davon. Marie brüllt laut und wirft ihrem Vater die bunte Süßigkeit wütend vor die Füße. Sie versucht, sich aus dem Wagen zu befreien und kippt fast damit um.

Überlege und notiere:

- Was braucht das Kind?
- Was macht der Vater?
- Wie beeinflusst diese Reaktion das Kind?
- Welche Strategien nimmt es sich mit?
- Was geschieht womöglich mit seinem Selbstwert, wenn es ständig eine beziehungsorientierte Bezugsperson erlebt?

Denk daran: Beziehungsorientiere Eltern suchen sich Sicherheit im mitfühlenden und engagierten Miteinander. Sie helfen dem Kind gemäß seiner Bedürfnisse und Fähigkeiten bei der Regulation und der Suche nach Nähe und Entdeckerdrang. Nach Möglichkeit beachten sie auch eigene und fremde Bedürfnisse bei ihren Entscheidungen rund um das Kind.

Oh, das ist kein leichter Moment. Wie hast du Vater und Tochter eingeschätzt? Vergleiche:

Lösung

Marie mag eigentlich den Supermarkt mit all seinen Verlockungen. Meist hilft sie ihrem Vater beim Einkaufen und darf mal etwas aussuchen, verkraftet ein anderes Mal auch ein Nein. Heute ist sie zu geschafft dafür. Sie spürt, dass ihr Papa sie gut wahrnimmt und hat sich über das belegte Brötchen gefreut, aber im großen Moment der Lust auf die bunten Süßigkeiten bricht ihre ungestüme Art durch: Sie will das unbedingt, sie kann sich nicht bremsen, die Wut kommt heftig!

Ihren Vater braucht sie nun als Helfer bei der Regulation, der ihr Leitplanken aufstellt. Das heißt, er muss entscheiden, ob die Süßigkeit für ihn definitiv nicht in Ordnung ist oder er doch eine Ausnahme machen könnte. Dementsprechend kann er dann handeln und Marie seine Meinung zugewandt mitteilen. Wenn er das Produkt zurück ins Regal legt, wird er Marie helfen müssen, ihre

Wut gut herauszulassen. Im Supermarkt ist das herausfordernd, aber Toben und mit den Händen auf etwas Schlagen ist durchaus okay, und schon ein Spiegeln ihrer Gefühle wird ihr Wärme geben: *„Ich sehe, dass du wütend bist. Das kann ich gut verstehen."* Er kann Marie auch nochmals anbieten, eine Alternative auszuwählen. Vielleicht erreicht er sie. Falls nicht, wird er das Einkaufen sicher rasch und einfühlsam zu Ende zu bringen. Wenn seine Tochter sich später beruhigt hat, kann er alles nochmal ansprechen und mit Marie gemeinsam überlegen, was anders hätte laufen können.

So spürt Marie während der herausfordernden Zeit und auch danach, dass sie gut gesehen und begleitet wird. Sie fühlt sich sicher! Ihr wird gezeigt, dass Konflikte Raum haben und – manchmal mit viel Zeit und Nacharbeiten – mit Kompromissen lösbar sind. Und sie kann lernen, dass Wut nichts Schlimmes ist, sondern man lernen muss, sie auf eine gute Art und Weise rauszulassen.

Die heranwachsende Marie fühlt sich sicher, respektiert und auch selbständig, denn sie hat Raum für sich und ihre Persönlichkeit. Sie muss sich nicht irgendwelchen „Aufträgen" ihrer Eltern anpassen, um diesen zu gefallen, sodass sie deshalb mit ihr in Beziehung blieben. Die Eltern sind immer da. Marie muss auch keinen kontinuierlichen Stress durch ständiges Verbiegen spüren. Sie darf sie selbst sein und lernen, mit ihren herausfordernden Seiten umzugehen.

Beziehungsorientierte Eltern – Hausaufgaben

Marie ist jetzt sechs Jahre alt und hat schon fast die erste Klasse geschafft. Sie kann bereits etwas lesen und schreiben. Die Schule ist oft spannend, aber auch fordernd, weil die Klassengemeinschaft groß ist und die Vormittage lang und laut sind. In der Hausaufgabenbetreuung ist sie immer froh, wenn die betreuende Person sich ein bisschen Zeit nehmen kann, um ihr zu helfen. Manchmal schafft sie trotzdem nicht alle Aufgaben, weil sie rasch unruhig ist und dort selten Bewegungspausen machen kann. Dann muss Marie sie am Wochenende nacharbeiten. Diese Woche hat sich viel angestaut: Ein umfangreiches Blatt ist für Sachkunde zu bearbeiten. Das Wetter ist schön und sie würde lieber nicht am Schreibtisch sitzen. Noch dazu versteht sie nicht alle Arbeitsaufträge. Ihr Vater und sie haben überlegt, dass sie jetzt eine Hälfte bearbeitet und die andere am späten Nachmittag oder am Sonntag. Denn sie wollen noch gemeinsam einen Ausflug in den Zoo machen, weil Marie sich das so sehr wünscht. Sie haben schon Regeln besprochen, damit das Kind auf dem unübersichtlichen Gelände nicht verloren geht oder im Notfall Bescheid weiß, wie es sich helfen kann. Marie freut sich darauf und ist motiviert, im Vorfeld die Hälfte der Aufgaben zu erledigen, aber sie ist auch etwas unruhig und unkonzentriert. Sie freut sich so sehr auf den neuen Spielplatz neben dem Flamingo-See. Sie sitzt am Esstisch und rutscht auf ihrem Stuhl herum, während ihr Vater durch die Wohnung saust und einige Dinge aufräumt. Plötzlich kommt Marie gar nicht mehr weiter. Sie ruft ungeduldig nach ihrem Vater. Er erklärt, dass er die Teller aus der Spülmaschine noch rasch fertig in den Schrank räumt und dann zu ihr kommt. Marie ist schon aufgestanden und hat die Schulsachen wütend zur Seite geschoben, als er bei ihr ankommt.

Überlege und notiere:

- Was braucht das Kind?
- Was macht der Vater?
- Wie beeinflusst diese Reaktion das Kind?
- Welche Strategien nimmt es sich mit?
- Was geschieht womöglich mit seinem Selbstwert, wenn es ständig eine beziehungsorientierte Bezugsperson erlebt?

Denk daran: Beziehungsorientiere Eltern suchen sich Sicherheit im mitfühlenden und engagierten Miteinander. Sie helfen dem Kind gemäß seiner Bedürfnisse und Fähigkeiten bei der Regulation und der Suche nach Nähe und Entdeckerdrang. Nach Möglichkeit beachten sie auch eigene und fremde Bedürfnisse bei ihren Entscheidungen rund um das Kind.

Welchen Weg siehst du für einen beziehungsorientierten Vater? Betrachte die Lösungsideen:

Lösung

Marie braucht Hilfe beim Konzentrieren und Motivieren. Ihr Vater wird versuchen, ihr erst einmal Nähe und Verständnis entgegenzubringen, um sie wieder fürs Arbeiten zu gewinnen, und sich dann die Aufgabe selbst anschauen. Wenn auch er nicht weiterkommt und den Eindruck hat, Marie habe vielleicht nicht richtig aufgepasst im Unterricht, könnte er sie dazu animieren, bei einem anderen Kind aus der Klasse telefonisch nachzufragen. Er wird nur so weit unterstützen, wie es notwendig ist, und zugewandt da sein, wenn Unlust und Wut noch im Weg stehen sollten. Und er wird sie so zur Eigenverantwortung motivieren, denn die Schule ist ihr erster, großer, eigener Bereich, in dem sie Herausforderungen meistern kann und auch mal auf die Nase fallen darf. So funktionieren Lernen und Bewältigung.

Marie nimmt mit, dass sie nicht allein gelassen wird mit Frust und Herausforderung, aber dass ihr auch nach ihren Möglichkeiten die Verantwortung für das Erledigen überlassen wird. Sie weiß, dass sie fragen kann, aber auch Engagement zeigen muss, damit am Ende die Aufgaben erledigt sind und der Zootag für die Familie starten kann. Marie nimmt dabei wahr, dass sie nicht perfekt sein muss, dass es menschlich ist, auch mal nicht richtig zuzuhören und dass man so ein Verhalten im Nachhinein oft wiedergutmachen kann. Und sie kann durch die Begleitung auch mit ihrem Temperament und besonders ihrem starken Unmut kontinuierlich besser umgehen.

Ihre Lern- und Persönlichkeitsentwicklung sowie auch das Entfalten eines gesunden Selbstwertgefühls dürften positiv verlaufen. Sollte sie in Bezug auf die Hausaufgabe noch Gesprächsbedarf mit der Lehrkraft haben, wird sie das allein schaffen können.

Beziehungsorientierte Eltern – Was ist aus Marie geworden?

Marie erfährt grundlegend immer wieder Respekt. Ihre Bindungssuche wird positiv beantwortet. Ihr Vater bemüht sich sehr darum, ihre Bedürfnisse zu erkennen und auch zu spiegeln sowie ihrem Wesen entsprechend oft loszulassen und ihr Raum zu geben. Er vermeidet Herausforderungen nicht, sondern gibt seiner Tochter die Chance zur Bewältigung. Dabei zeigt er aber auch, was ihm selbst wichtig ist. So kann Marie lernen, ihre Gefühle gut zu erkennen und so auszuleben, dass sie niemandem schadet. Sie erfährt, dass sie Stolpersteine meistern kann. Und sie wird immer sicherer und selbständiger, traut sich aber auch, nach Unterstützung zu fragen, wenn nötig. Marie kennt Lösungsorientiertheit und weiß, dass ihre Bezugspersonen bemüht sind, Kompromisse mit ihr zu finden. Das wird sie ihrerseits ähnlich ausleben, was ihr ermöglicht, im Alltag und auch in Freundschaften gut zurechtzukommen. Ihr sicheres Arbeitsmodell von Bindung hilft ihr dabei. **Marie hat gute Chancen auf erfolgreiches Lernen in allen Bereichen und eine gesunde Persönlichkeitsentwicklung.**

BEZIEHUNG TUT GUT

Zugewandte Elternschaft einschließlich Führungskraft – also Verantwortung für Orientierung – ist besonders bei einem wilden Kind eine ganze Zeit lang anspruchsvoll. Aber die Eltern helfen ihrem Kind so bestmöglich, patenter zu werden. Ihre Beziehung ist gesund.

Unterschiede verstehen

Wie war die Reise durch die verschiedenen Erziehungsstile für dich? Sich in die entsprechenden Eltern einzufühlen ist nicht immer leicht, aber sich in die Kinder hineinzuversetzen meistens schon. Denn jeder von uns ist sicher schon Erwachsenen begegnet, die autoritär und distanziert, desinteressiert, verwöhnend-überfürsorglich oder liebevoll-anleitend unterwegs waren, und kennt die Emotionen, die das auslösen kann. Die Ängste vor der strengen Lehrkraft, die Unsicherheit bei abgewandten Erzieher*innen, das Unwohlsein bei aufdringlichen Trainer*innen ... Elias und Marie stehen beispielhaft für Kinder, die bestimmte Verhaltensweisen kontinuierlich durch eine enge Bezugsperson erleben. Immer wieder, in allen möglichen Situationen. Ihre Persönlichkeit entwickelt sich in diesem Umfeld. Ihr Bindungsschema entsteht im Rahmen dieser Prägungen. Spürst du jetzt, wie relevant der Erziehungsstil für ein Kind ist?

„Unser Sohn ist vor drei Monaten fünf Jahre alt geworden und war schon als Baby eher zurückhaltend, hat in neuen Situationen lieber erst beobachtet und sich dann erst (wenn überhaupt) ins Getümmel gestürzt. Vor allem fremden Personen oder Situationen gegenüber war (und ist) er vorsichtig, zum Teil so sehr, dass er gar nicht mit der fremden Person redet, sich sogar abwendet.
Für mich ist wichtig, ihn zu bestärken und zu ermutigen, ihm aber auch gleichzeitig das Gefühl zu vermitteln: ‚Du bist gut so wie du bist und wir lieben dich so wie du bist.‘ Ich hoffe, dass er so lernt mit seiner Zurückhaltung umzugehen, sie nicht als Makel wahrzunehmen, sondern als Teil seiner Persönlichkeit.
Ich wünsche mir auch, dass er durch die Beziehung mit uns erlebt, dass er uns bedingungslos vertrauen kann, dass wir ihn in jedem Fall unterstützen und er sich mit Sorgen und Problemen an uns wenden kann. Dass es auch keine Schwäche ist Fehler zuzugeben, etwas nicht (sofort) zu können und sich zu entschuldigen.“ ***Maria, 37***

Begegnest du einem 4-, 6- oder vielleicht auch 12-jährigen Kind, das ein merkwürdiges, anstrengendes, besonderes Verhalten an den Tag legt, weißt du jetzt sicher besser als vorher, dass dahinter nicht einfach nur ein schwieriges Temperament steckt oder gar ein „Arschlochkind". Diese Begrifflichkeiten fallen leider viel zu schnell. Nein, das Verhalten hat vielfältige Ursachen:

- Was durfte das Kind kennenlernen?
- Wie wurde ihm und seinem Wesen begegnet?
- Wie gut konnte es lernen?
- Wie viel Verantwortung kann es übernehmen?
- Wie gesund und unverbogen konnte und kann seine Persönlichkeit sich entwickeln?
- Welche Art von Konfliktführung und Fehlerkultur durfte es kennenlernen?

Verhalten ist immer nur das, was wir an der Oberfläche sehen dürfen. Wir müssen engagiert dahinter schauen.

Bedenke dabei auch, was du beim Betrachten der Erziehungsstile gelernt hast: Warum sind Eltern ihrem Kind gegenüber so? Schnelles Verurteilen hilft keinem. Einfühlen umso mehr. Denn das hilft ja auch dir selbst: Warum bist du zu deinem Kind so, wie du bist? Wo liegen die Ursachen, die dich vielleicht zu streng oder zu eng sein lassen?

„Ich kann schlecht damit umgehen, wenn ich an meinem Sohn Verhaltensweisen bemerke, die auch ich zeige oder als Kind zeigte, die sich für mich aber als nachteilig erwiesen. Ich war als Kind ziemlich verträumt, habe oft getrödelt und es häufig nicht geschafft beispielsweise Schulsachen rechtzeitig vorzubereiten. Beim Einstieg ins Berufsleben ist mir mein Zeitmanagement (oder besser gesagt: das Fehlen eines Zeitmanagements) daher auf die Füße gefallen, was zu unangenehmen Situationen und vermeidbarem Stress geführt hat. Aufgrund dieser

Erfahrungen fällt es mir nicht immer leicht, ruhig und zugewandt zu bleiben, wenn mein Sohn gefühlt unendlich lange braucht, um sich vor dem Kindergarten oder vor Terminen anzuziehen und fertig zu machen.“ ***Maria, 37***

Erinnere dich an meine Worte zu Begriffen wie „Helikoptereltern“: Ins Lächerliche ziehen, Beschimpfen und Verurteilen hilft nicht. Schuld zuschieben bringt niemanden weiter. **Verständnis ist der erste Schritt zur Veränderung!** Und das bezieht sich auf deine Mitmenschen, auf deine Partnerschaft und auch auf dich selbst. Versuche, dich besser zu verstehen!

„Elias heißt bei uns anders. Ich bin überfürsorglich und kippe in die Autorität, wenn ich unsicher werde. So deutlich wie nach dem Gedankenspiel war mir das noch nie!“ ***Beccy, 35***

Im Folgenden schaue ich mir mit dir an, was genau die beispielhaften Wege bewirkt haben könnten: Wie sind die Auswirkungen auf die Persönlichkeitsentwicklung eines Kindes? Welche Bindungsfähigkeit ist entstanden? Damit du weißt, warum die Beziehungsorientierung deine Richtschnur sein sollte.

ERZIEHUNGSSTILE UND SICHERE BINDUNG

Viel zu häufig wird gerade in Betreuungseinrichtungen und Schulen nur dann auf das Verhalten eines Kindes geguckt, wenn es Probleme gibt. So oft heißt es vorschnell: Am besten ab in irgendeine Therapie! Beziehungsorientierte Erziehung will auch das verändern. Verhaltensweisen hängen natürlich davon ab, welches Temperament ein Kind mitbringt, aber sie entwickeln sich nicht im luftleeren Raum weiter. In welchem Umfeld ein Kind groß wird, hat einen großen Anteil daran, in welche Richtung sein Weg geht und ob es sich irgendwann problematisch zeigt. Wie Eltern erziehen und welches Bindungsschema deshalb entsteht, prägt jedes Kind nachhaltig. Du lernst den besten Weg, auf dem wahrscheinlich die wenigsten Probleme auftauchen!

An den Beispielkindern Elias und Marie wurde deutlich, wie ungute Entwicklungsbegleitung ablaufen kann:

- Kinder können sich immer weiter zurückziehen, wenn ihnen gute Beziehungen fehlen: **Flucht!**
- Auch aggressives Verhalten kann entstehen: **Angriff!**
- Gesunde Entwicklung, also eine freie Entfaltung der kindlichen Anlagen, kann verhindert werden: **Verbiegen!**
- Lernen kann erschwert werden, und zwar in ganz unterschiedlichen Bereichen; emotional, im sozialen Miteinander, schulisch: **Mangel!**
- Der Selbstwert eines Kindes kann beschädigt werden: **Leid!**

Deine Erziehung bestimmt die Bindungssicherheit

Du hast es bei Elias und Marie gesehen: Wurde ihnen jahrelang zu streng oder zu eng oder quasi gar nicht echt begegnet, war das Grundtemperament nicht ausschlaggebend für ihre Entwicklung. Denn glücklich, stark und gesund entwickelte sich weder der Schüchterne noch die Wilde. Es war kein Raum für sie, und sie haben durch diese Erziehungsstile nicht das bekommen, was sie wirklich benötigt hätten. **Es fehlten Orientierung und Feinfühligkeit und niemand hat ihre Bedürfnisse erkannt.**

LEG DEIN SCHLECHTES GEWISSEN AB

Einige Eltern, die mit mir den Weg der Gedankenspiele gegangen sind, hatten ein schlechtes Gewissen. Denn beim Bearbeiten haben sie das Gefühl bekommen, ihrem Kind bislang oft nicht beziehungsorientiert begegnet zu sein, was ihnen Bauchweh verursachte.

Bitte denk daran: Die Eltern von Elias und Marie sind ohne weitere Herausforderungen und Belastungen gezeichnet, die du aber vielleicht hast. Die Beschreibungen sind idealtypisch, um Verständnis für den Weg zu wecken. Du sollst ja überprüfen, verstehen und lernen. Nicht perfekt sein. Daher ist es nicht ungewöhnlich, dass sich solche Gefühle zeigen. Zum beziehungsorientierten Weg gehört es, zu stolpern und sich immer wieder neu zu orientieren. Du brauchst keine Schuldgefühle zu haben.

Dauerhaft (!) macht falsche Begleitung Stress, der sich nach innen oder außen entlädt. Wichtig ist eine grundsätzliche beziehungsorientierte Haltung. Bei fast allen Eltern entlädt sich mal Wut, mal Leere und Hilflosigkeit. Aber Eltern, die grundsätzlich beziehungsorientiert begleiten, werden sich anschließend einfühlsamer verhalten und im Miteinander nach Lösungen suchen.

Und Stress ist nicht alles: Dem Kind entstehen durch fehlende Beziehungsorientierung nicht nur akute Probleme, sondern unter Umständen hat dieser Stress Auswirkungen auf seine Zukunft. Im Jugendalter oder im Erwachsenenleben ist es wahrscheinlicher, dass sich große Probleme zeigen, die schwer zu bezwingen sind. Beispiele sind:

- Eine schwache Persönlichkeit durch ungute oder fehlende Beziehungen kann eine starke Anfälligkeit für Süchte und Ängste aller Art mit sich bringen.
- Das Missachten der Gefühle und Bedürfnisse eines Kindes kann ihm selbst einen guten Zugang zu seiner Emotionalität und seinen Neigungen nehmen.
- Narzisstisches Verhalten, also ein starker Fokus auf sich selbst, gepaart mit der Ablehnung anderer, besonders kritischer Meinungen, ist eher möglich. Oft hängt damit auch zusammen, dass ein Mensch extra viel Bestätigung durch andere benötigt. Eltern, die kindliche Bedürfnisse falsch beantworten, lösen das unter Umständen aus.
- Ist ein Kind es gewohnt, dass es Leistung für „Liebe“ erbringen muss, fehlt echte Wertschätzung. Das Selbstwertgefühl geht dadurch kaputt. Im Laufe des Lebens kann der Druck groß sein, immer wieder funktionieren und brillieren zu müssen, anstatt Zufriedenheit in sich selbst zu finden.
- und und und ...

Negative Erziehungsmuster können sich stark auf das Innere eines Kindes auswirken und auch auf seine Beziehungen im Erwachsenenalter. Je nachdem, welche Art von Bindung ein Kind durch einen bestimmten Erziehungsstil kennengelernt hat, sind in ihm in den ersten Lebensjahren bestimmte Glaubenssätze und Einstellungen zu sich selbst entstanden, die es nachhaltig beeinflussen. Auch ein Bindungsschema hat sich ausgebildet, auf das es immer wieder zugreift, wenn es neue Beziehungen eingeht: zu Gleichaltrigen, zu Betreuenden, zu Lehrkräften, zu späteren Partner*innen, zu den eigenen Kindern. Dieses Schema kann sicher oder auf vielfältige Art unsicher sein. Es ist nicht in Stein gemeißelt, aber kann nur mit viel Kraft verändert werden. Diese Folgen sind unter Umständen immens. Deshalb ist es wichtig, dass du in deinem Erziehungsverhalten sicher bist und auch anderen diese Argumente mitgibst.

SCHAU AUF DICH SELBST

Zu Hause gute Beziehungen erfahren zu dürfen, prägt die Persönlichkeit eines Kindes ebenso wie seine Beziehungsfähigkeit. Zeigen sich Probleme mit der Clique oder in der Schule, können die Ursachen auch in der Art der elterlichen Begleitung liegen. Schwieriges Verhalten eines Kindes sollte immer systemisch in den Blick genommen werden: als Gesamtbild.

Führ dir das vor Augen, wenn du Sorgen hast oder von außen Kritik kommt. Es ist nie einfach nur „das Kind" das Problem! Bei sich selbst hinzusehen ist schmerzhaft und fordernd, aber absolut konstruktiv.

Kenne die Bindungstypen

Eine beziehungsorientierte Erziehung erhöht die Wahrscheinlichkeit, dass Kinder sicher gebunden ins Leben gehen. Deine Sicherheit wird die Sicherheit deines Kindes. Erinnere dich:

- Ein Kind hat eine sichere Bindung, wenn es weiß, dass Bezugspersonen da sind, die seine Bedürfnisse zwischen den Polen „Nähe" und „Loslassen" gut sehen und begleiten – wenn es aktives Annehmen und zugewandtes Zumuten spürt.
- Dann kann es auf diese Sicherheit bauen, auch wenn diese Menschen nicht wirklich bei ihm sind.
- Und es ist imstande, sich Unterstützer zu holen, wenn das Sicherheitsgefühl in Abwesenheit der Bezugspersonen nicht ausreicht (zum Beispiel einen Erzieher oder eine Erzieherin bei der Einge-

wöhnung in der Außer-Haus-Betreuung oder eine Lehrkraft am Schulvormittag).
- Außerdem kann es gut neue Beziehungen knüpfen und diese gesund führen, ohne sich unterzuordnen oder selbst zu dominieren.

Diese sichere Bindung ist das Ideal, das zum Glück viele – nämlich die Mehrzahl der deutschen Kinder – erreichen, wahrscheinlich auch deines. Auch andere Bindungsformen sind nicht gleich ein Drama, denn sie müssen keine tiefschürfenden Probleme nach sich ziehen. Allein die Wahrscheinlichkeit dafür ist höher.

Damit du deinen Weg hin zu einer sicheren Bindung für dein Kind noch überzeugter gehen kannst, solltest du alle Bindungstypen kennenlernen:

Unsicher-vermeidend Die Bindungsforschung geht davon aus, dass bei uns etwa 10–15 % der Kinder unsicher-vermeidend gebunden sind, je nach Quelle auch noch mehr. Das bedeutet, sie sind sich ihrer Bezugspersonen nicht sicher, können deren Verhalten und ihren Beistand nicht gut einschätzen. Daher sind sie auch in sich schwankend und neigen dazu, Bindung eher zu vermeiden.

„Der ist cool!", „Die kommt super allein klar", „Der macht nie Probleme", könnten Aussagen über unsicher-vermeidend gebundene Kinder sein. Und wahrscheinlich merkst du es selbst: Das klingt alles gar nicht so schlecht. Nein, das sind Bewertungen, die in unserer Leistungsgesellschaft durchaus positiv wahrgenommen werden. Und das ist das Problem:
- Einerseits kann hinter diesen Einschätzungen auch ein sichergebundenes Kind stecken, das sich so cool, selbständig und problemlos zeigt, weil es in sich ruhen und sich gesund entwickeln kann.

- Andererseits kann dahinter ein unsicher-vermeidend gebundenes Kind stehen, das leidet, aber diese Strategien gefunden hat, um damit fertigzuwerden – mehr schlecht als recht. Denn dieses „Zurechtkommen" geht gegen seine Natur. Es verursacht kontinuierliches Anpassen und ständigen Stress. Das Kind ist ungesund selbstständig.

Nur ist dies nach außen hin oft nicht sichtbar. Denn befeuert wird diese Entwicklung besonders durch einen herrischen, abwesenden oder auch kontrollierend (nicht verwöhnend) überbehütenden Erziehungsstil, also mit Macht, Angst, Ignoranz und immer emotionaler Distanz. Das Kind passt sich an, wird in seinem Wesen ausgebremst und fällt nicht weiter auf – dann sind diese Eltern unter Umständen überzeugt, dass ihr Weg ein guter ist, denn die innere Not sehen sie nicht. Läuft es ganz schlecht, lässt das Kind die Anspannung nach außen ab: Es zeigt sich enthemmt und fällt durch schlechtes Sozialverhalten auf.

Denn ohne sichere Bindung kann ein Mensch schwer Beziehungen eingehen, sich selbst schlecht regulieren und insgesamt nicht sehr zuversichtlich, positiv und selbstständig ins Leben gehen. Vermutlich fallen dir Kinder oder auch Erwachsene ein, die du so wahrnimmst? Eine unsicher-vermeidende Bindung kann dahinterstehen.

Unsicher-ambivalent Auch hier geht die Bindungsforschung davon aus, dass zu dieser Gruppe etwa 10–15 % unserer Kinder gehören. Wieder sorgt fehlende Sicherheit des Kindes bei den primären Bezugspersonen dafür, dass sich ein solches Kind außerhalb der Familie unsicher zeigt, jedoch nicht immer Beziehungen vermeidet, sondern mal so, mal so agiert – eben ambivalent, wechselhaft. Möglicherweise können auch zwei sehr unterschiedlich erziehende Elternteile dieses Bindungsverhalten fördern.

Ein unsicher-ambivalent gebundenes Kind ist ...

- mal ängstlich,
- mal angriffslustig,
- mal verschlossen,
- mal anstrengend anhänglich,
- mal verärgert in seinen Reaktionen,
- mal wütend,
- mal ablehnend,
- vielleicht auch mal ich-bezogen und fast unabhängig
- und dann wieder weinend oder klammernd.

Sein Verhalten ist schwer einzuschätzen. Innerlich verursacht ihm die eigene Wechselhaftigkeit Befangenheit und Dauerbelastung. Es kann sich eher schwer regulieren und ist teilweise ungesund unselbstständig.

Besonders das verwöhnend-überbehütende Erziehungsverhalten kann dies zur Folge haben, denn damit sind Eltern für ein Kind so schwer greifbar. Sie wirken so besorgt und rücksichtsvoll, aber eigentlich wird dem Kind nur selten das gegeben, was es braucht. Entwicklungsgelegenheiten, Lernmöglichkeiten, Bewältigungskompetenzen – Fehlanzeige! Und das zeigt ein Kind dann im Umgang mit anderen Menschen. Es sucht Nähe und Liebe, lässt sich darauf ein, ist aber eigentlich ganz hilflos und flüchtet dann lieber. In ihm wirkt dadurch jede Menge Stress, und der muss raus. So ein Kind fällt oft auf.

Siehst du Bereiche davon in deiner Familie? Dann ist vielleicht tatsächlich oft zu viel Enge da!

Sicher 60–70 % der deutschen Kinder gelten als sicher gebunden. Das zu lesen ist eine absolute Erleichterung, oder? Du merkst daran, dass #gutgenug wirklich reicht, denn ganz sicher sind nicht 60–70 % der Kinder perfekt begleitet.

Aber sie ...

- erleben zugewandte Bezugspersonen, die ihnen Grundvertrauen mitgeben: *„Ich bin in Ordnung", „Ich kann es schaffen", „Ich bin liebenswert."*
- trauen sich dadurch, verlässliche Kontakte zu anderen zu knüpfen.
- dürfen ihre Gefühle ganz offen zeigen.
- erhalten altersgemäße Hilfe bei der Stressregulation.
- können ihre Entwicklung gut gepuffert durchlaufen, auch wenn es zu ungeplanten Herausforderungen kommt.

Diese Kinder sind stark für sich und ihren Weg, aber sie sind auch bindungsstark. Das heißt, sie sind zu positivem Sozialverhalten fähig und kommen ganz gut durchs Leben. Müssen sie Probleme bewältigen, gehen sie das eher lösungsorientiert an als andere:

- Sie suchen Hilfe und Ideen.
- Sie nutzen nicht so leicht ungute Strategien wie Vermeidung oder Ersatzlösungen.
- Sie wählen Beziehung und ein Netz.

Vergleiche diese Punkte mit den Wünschen, die du zu Beginn des Buches für dein Kind notiert hast. Bestimmt ist vieles deckungsgleich.

ZUM MITNEHMEN FÜR DICH

Die meisten deutschen Kinder sind sicher gebunden, ohne dabei perfekte Lebensumstände und Elternhäuser zu haben. Unterm Strich muss die Begleitung #gutgenug sein: meistens feinfühlig, meistens liebevoll führend, im Konfliktfall möglichst oft lösend. Aktiv annehmend und zugewandt zumutend!

Unsicher gebundene Kinder leben mit eher ungünstigen Voraussetzungen. Das Risiko für problematische Verläufe ist erhöht, aber es muss nicht so kommen.

Eine Bezugsperson, die #gutgenug ist, kann viele schlechte Erfahrungen ausgleichen und das Kind stärken.

Desorganisiert Für 5–10 % der deutschen Kinder sieht die Bindungsforschung ein desorganisiertes Arbeitsmodell hinsichtlich ihrer Beziehungen. In einem einigermaßen fürsorglichen Elternhaus kommt dieser Typ nicht vor, dennoch soll er hier erwähnt werden. Hinter einer desorganisierten Bindung liegen schlimme Erfahrungen wie emotionale Vernachlässigung, seelischer und körperlicher Missbrauch und Gewalt sowie psychisch erkrankte Eltern.

Die Bindungspersonen, die Sicherheit geben sollten, sind im Grunde „Täter*innen", die eben gar keinen Schutz geben, sondern das genaue Gegenteil. Diese Kinder erleben Dauerstress, das Gefühl, verlassen zu sein und keine Kontrolle über ihr Leben zu haben. Sie sind nicht wirklich handlungsfähig, sondern ständig überfordert oder schalten regelrecht ab. Sie leiden in der Regel unter komplexen Entwicklungs- und Beziehungsstörungen. Das zeigt sich meist in einem widersprüchlichen Verhalten:

- entweder Misstrauen, Emotionslosigkeit, Erstarren und Kontaktvermeidung – **Hemmung!**
- oder fehlende Impulskontrolle, Zappeligkeit, Ablenkbarkeit, andauernde Aggressionen und Gewalt – **Enthemmung!**

Sowohl die Hemmung als auch die Enthemmung bedeuten natürlich ein negatives Sozialverhalten: Das Kind fällt auf. Entsprechend werden die Verhaltensweisen schnell als psychische Störung interpretiert, also etwas, das in ihnen wurzelt. Doch einige von ihnen können zum Beispiel ADHS-Symptomen ähneln. Dabei ist es so wichtig hinzusehen, was im Umfeld dieser Kinder los ist und was wirklich die Ursache der Verhaltensauffälligkeiten war. Der Fokus muss viel breiter sein, denn zum System des Kindes gehören viele Puzzleteile. Alle Symptome können auch andere Ursachen als eine desorganisierte Bindung haben. Das ist von außen und als Laie gar nicht festzustellen. Eine echte Bindungsstörung gehört in psychologische Behandlung und ist auch nur dort zuverlässig diagnostizierbar. Nur etwa 1 % der Kinder in Deutschland leiden an der frühkindlichen Form.

Du arbeitest mit diesem Buch, du bemühst dich um die Eltern-Kind-Beziehung. Eine Bindungsdiagnostik kann aber manchmal doch Sinn ergeben, wenn sich Verhaltensauffälligkeiten beständig zeigen und andere Verdachtsdiagnosen im Raum stehen. Sicher ist sicher. Beachte: Ob ein Kind sicher gebunden ist, zeigt sich möglicherweise nicht in jeder einzelnen Situation, sondern immer nur bei der Betrachtung des Gesamtbildes.

Suche dir Hilfe

In Elternberatungen sitzen immer wieder Eltern, die zweifeln, ob die Bindung zu ihrem Kind gesund und sicher ist. Sie haben vielleicht das Gefühl, dass ihre Kinder Symptome zeigen und psychisch erkrankt sind. Die Zahlen zeigen dir, dass eine echte, krankhafte Bindungsstörung aber relativ selten ist. Bindungsunsicherheiten können natürlich da sein. Sie können sich in Verhaltensauffälligkeiten und psychischer Erkrankung zeigen, sind in der Regel aber veränderbar: Die Auffälligkeiten verschwinden mit dem geänderten Erziehungsverhalten.

Was kannst du tun, wenn du das Gefühl hast, dein eigenes oder ein dir nahestehendes Kind zeigt ein nicht sicheres, ungeordnetes Bindungsverhalten und hat deshalb starke Probleme? Trau dich, jemanden um Rat zu fragen, der oder die sich damit auskennt. Möchtest du eine oder mehrere Auffälligkeiten an deinem Kind oder in eurer Beziehung abklären, bedeutet das, es sollte ein breiter Blick in euer Familiensystem geworfen werden. So wird nichts übersehen. Das kann bei Erziehungsberatungsstellen oder in psychotherapeutischen Praxen erfolgen.

Herausfordernd ist daran, dass es Bereiche in deinem Erziehungsverhalten geben könnte, die bearbeitet werden müssen. Vielleicht rühren sie noch aus deiner Kindheit, vielleicht auch aus einer aktuellen Überforderung. Dass es um die eigene mentale Gesundheit vielleicht nicht zum Besten steht, ist immer schmerzhaft, aber die (fürchterliche!) Alternative wäre, alles zu lassen, wie es ist, nur um sich vor Auseinandersetzung zu drücken. Hast du dich eher im verwöhnend-überfürsorglichen Erziehungsstil verortet, ist genau das ein Teil des Problems: die Konfliktscheue. Sie ist ein Hindernis und tut deinem Kind nicht gut!

Möglicherweise erleichtert es dich zu hören, dass viele Menschen damit kämpfen. Gerade wir heute Erwachsenen haben oft noch nicht gelernt, sinnvoll und gewaltfrei zu kommunizieren sowie Konflikte lösungsorientiert anzugehen und aus der Kindheit mitgegebene Rollen oder Defizite zu bearbeiten. Du bist nicht allein damit. **Trau dich, das anzugehen!** Oft zeigt sich, dass die Lösung gar nicht so tiefgreifend ist wie befürchtet. Und das ist doch ermutigend. Im nächsten Kapitel kannst du mit der Selbstarbeit starten!

WAS IST „UNNORMALES" VERHALTEN?

Etwa 20–25 % der deutschen Kindergartenkinder gelten laut Kita-Handbuch von Textor und Bostelmann als verhaltensauffällig (im Schulalter dann nur noch etwa 14 %). Das kann bedeuten, dass sie sich körperlich ungewöhnlich gebärden, psychisch labil wirken oder im sozialen Miteinander auffallen. Das klingt nach einer großen Anzahl, aber du musst bedenken, dass die Situation in den Betreuungseinrichtungen auch oftmals nicht optimal ist. Große Gruppen, lange Tage, Personalwechsel und mehr treffen auf Kinder, die im Elternhaus oft in Beziehungsorientierung einen guten Zugang zu sich und ihren Gefühlen haben und dies auch äußern. Da kann es an vielen Stellen dazu kommen, dass ein Kind falsch eingeschätzt wird oder aber aufgrund einer Vielzahl von Faktoren tatsächlich verhaltensauffällig ist.

Als behandlungsbedürftig gelten nur 5 % davon. Auch das ist ermutigend und sollte uns alle aufhorchen lassen: Ist unsere Meinung über "unnormales Verhalten" vielleicht einfach überholt? Und bedarf unser Betreuungssystem nicht dringend weiterer qualitätssichernder Schritte? Sparen wir nicht am falschen Ende?

Ist dir an deinem Kind tatsächlich etwas aufgefallen, das dich verunsichert, solltest du zuerst mit eurem Kinderarzt oder eurer Kinderärztin sprechen. Um andererseits aber auch die Beziehungsebene und deine Anteile zu untersuchen, können folgende Wege hilfreich sein:

- das Gespräch mit (bindungsbasiert arbeitenden) Therapeut*innen oder Coaches
- eine systemische Beratung, die dein soziales Umfeld in die Betrachtung mit einbezieht
- Selbstarbeit mit Gewaltfreier Kommunikation
- Selbstarbeit mit Lektüre zu Adultismus, also Erziehen mit starkem Machtgefälle und zu viel Strenge (Dieser Begriff beschreibt die Machtungleichheit zwischen Kindern und Erwachsenen, aufgrund derer Kinder und Jugendliche wegen ihres Alters diskriminiert werden.)
- oder Selbstarbeit mit Lektüre zu Erziehung ohne zugewandte Führung und mit zu viel Enge

Zum Weiterlesen

Das folgende Kapitel wird dich auf dem Weg begleiten. Stärkende Bücher sind außerdem „Machtgeschichten" von Anne-Sophie Winkelmann oder „Was unsere Kinder brauchen" von Katharina Saalfrank.

Wird deinem Kind beispielsweise empfohlen, entspannende, psychomotorische, kinderpsychotherapeutische, ergo-, kunst- oder tiertherapeutische Hilfe in Anspruch zu nehmen, gehört auch dazu immer, dass nicht nur aufs Kind geschaut wird, sondern auch auf die Eltern-Kind-Beziehung. Ihr geht den Weg immer gemeinsam. Es gibt keinen Schalter, der einfach nur an einer Person umgelegt werden muss. Deine Sicherheit wird seine Sicherheit!

Deine Beziehungsorientierung ist Schutz

An den Wegen von Elias und Marie hast du gesehen, dass sie je nach Begleitung verschiedene Beeinträchtigungen erleiden, unter Umständen auch im Bindungsverhalten. Du hast erkannt, dass sie relativ unabhängig von ihrem Temperament und ihren Bedürfnissen von den nicht-beziehungsorientierten Elternteilen unpassend umsorgt worden sind. Die Gefahren durch diese Erziehungsstile sind vielfältig und bedürfen wahrscheinlich an irgendeinem Punkt im Leben des Kindes einer Hilfestellung von außen. Da kann viel getan werden – aber es ist so viel besser, wenn es gar nicht erst dazu kommen muss.

Beziehungsorientierte Eltern sorgen für die beste Verhütung von Entwicklungshandicaps und langfristig auch von psychischen Störungen. Sowohl schüchterne als auch wilde oder ganz anders aufgestellte Kinder dürfen bei ihnen lernen, wer sie sind und was sie brauchen. Beziehung und Bindung sichern Kinder ab und geben ihnen ein Fundament für das Erwachsenenalter und für alle Erschwernisse, die ihnen im Leben begegnen werden. Schon eingangs des Buches habe ich dir diese Vorzüge erläutert, aber jetzt hast du sie im Grunde wirklich erlebt! Deine Sicherheit im Begleiten und Loslassen wird die Sicherheit deines Kindes in der Bindungssuche und im Erobern der Welt.

Elias muss sich wahrscheinlich nicht in ein Schneckenhaus zurückziehen, nicht hoffen, dass gute Leistungen ihm Beachtung einbringen werden, keine gestörten Beziehungen erleben und nicht unselbständig werden, wenn er beachtet und beziehungsorientiert begleitet wird.

Marie braucht sich nicht minderwertig zu fühlen, muss sich nicht allein fühlen, keine Probleme mit ihrer emotionalen Wucht entwickeln und nicht in eine ständige Kampfbereitschaft rutschen, wenn sie gut wahrgenommen und unterstützt wird.

Du und dein Kind im Miteinander

Die gute Qualität der elterlichen Begleitung lässt sich dabei grob in diese Eckpunkte fassen:

- Das Kind erlebt Handlungsspielräume.
- Eltern zeigen ihrem Kind Wertschätzung und bringen ihm Vertrauen entgegen.
- Die Eltern haben Raum und Kraft dafür, ihr Kind, ihre Beziehung und sich selbst gut wahrzunehmen.
- Sie begegnen ihrem Kind mit zugewandter Klarheit,
- also wohlwollend, ohne ihm alles recht zu machen
- und klug und anleitend, ohne ihr Mitgefühl zu verlieren.
- In der Familie wird Lösungsorientierung gelebt und es ist Raum für Fehler.
- Es wird wertgelegt auf eine konstruktive Kommunikation.
- Die Eltern versuchen, ihrem Kind viel Optimismus mitzugeben.

Du merkst: Es geht ums **zugewandte Miteinander.**

Probleme entstehen nie im luftleeren Raum, Lösungen aber auch nicht. Beides entwickelt sich in der Interaktion, in unserem Miteinander. Ist es zugewandt, ist das gut. Aber wenn wir Eltern unsere Kinder zu negativ sehen, ist zugewandtes Miteinander nicht möglich. Dann wird jedes anstrengende Kinderverhalten in unserem Kopf zu einer Manipulation, der wir stark und kühl entgegentreten müssen. Dann werden wir zu streng. Es geht ins Gegeneinander. Auch wenn es uns nicht gut geht und wir das nicht berücksichtigen, kann es dazu kommen.

„Ich merke, wenn ich müde bin, mich körperlich unwohl fühle oder unter Stress stehe (beispielsweise Zeitdruck), habe ich weniger Geduld für Erklärungen und Kompromisse. In solchen für mich belastenden Situationen werde ich schnell lauter und erwarte, dass er auf mich hört. In einigen Situationen rutschen mir auch mal die berühmt-berüchtigten ‚Wenn … dann …'-Sätze heraus." ***Maria, 37***

Und wenn wir zu große Ängste haben, werden wir vielleicht sehr engagiert handeln, jedoch nicht im Sinne unseres Kindes, sondern nur entsprechend unserer Angst und dem Wunsch, das Kind möglichst zu schützen. Das kann beim Kind Entwicklungschancen einschränken und verletzend sein. *„Ich kann das nicht"* ist dann der Glaubenssatz, der beim Kind hängen bleiben kann. Das ist also eine falsche Fürsorge, die lieber unterlassen werden sollte. Sie ist zu eng und es entsteht kein Miteinander. Stattdessen zeigen die Eltern Vermeidungsverhalten, ohne den Blick auf das Kind zu richten.

Nach den Gedankenspielen hast du das sicher nochmal viel besser verstanden. Es bleiben nun folgende Fragen offen:

- Wie kommst und bleibst du auf dem beziehungsorientierten Weg, handelst also nicht zu streng und nicht zu eng? Wie bekommst du **Sicherheit**?
- Wie erreichst du dein Umfeld, damit es den beziehungsorientierten Weg mit dir geht?
- Wie kannst du dich gut abschirmen, wenn dein Umfeld dich kritisiert?
- Wie geht ihr als Eltern damit um, wenn ein Elternteil eine andere Richtung einschlägt?

SICHERHEIT IN DEINEM ALLTAG

Du hast verstanden, was an deinem Erziehungsverhalten noch besser werden kann. Jetzt kannst du beginnen, dich selbst zu verändern. Das kannst du ganz allein angehen, auch wenn dein Umfeld das (noch!) nicht gut verstehen kann oder dich kritisiert.

Es kann wehtun, anderen Eltern dabei zuzusehen, wie sie mit ihrem Kind ganz anders umgehen, als dein Kopf und Herz es für richtig halten. Gleichzeitig erscheint es einfacher, anderen ihre vermeintlichen Fehler aufzuzeigen und ihnen zu erklären, wie es besser geht, als auf dich selbst zu schauen. Doch beides bringt dich und dein Kind nicht weiter. *Keine Beratung ohne Auftrag!* Sich daran zu halten, fällt Laien und auch Profis oft schwer, aber der Satz kann dir ein gutes Stoppschild sein im Umgang mit anderen Eltern. Das bedeutet, nicht ungefragt anderen Eltern deine Haltung und Ansichten zu erklären, sondern vorsichtig ins Gespräch zu gehen und vielleicht im Gespräch zu fragen: *„Kann ich dazu etwas sagen?"*, *„Möchtest du eine Rückmeldung/einen Gedanken dazu?"* Das lädt andere Eltern dazu ein, ja oder nein zu sagen und macht offener dafür, auch andere Ansichten zu durchdenken und vielleicht anzunehmen.

Konzentrier dich auf deinen Weg. Du möchtest nicht zu streng und nicht zu eng handeln. Wie kannst du das schaffen?

Deine Schlüssel zur Beziehung

Du musst im Alltag auf verschiedene Bereiche gut achten, um mit deinem Kind in Beziehung zu sein. Ich zeige dir ...

- welche das sind,
- was sie ausmacht,
- welcher Satz dich im Alltag daran erinnern kann (also dein Glaubenssatz werden kann),
- wie du an ihnen arbeitest bzw. auf welchen Bereich du noch genauer schauen musst, wenn es an einer bestimmten Stelle hakt und
- wie du erkennst, dass du in einem Bereich zu streng oder zu eng mit deinem Kind bist.

(„Zu streng" umfasst hier und im ganzen Kapitel sehr oft nicht nur herrisches Erziehungsverhalten, bei dem die Eltern dem Kind etwas „antun", sondern teilweise auch abwesendes Verhalten, bei dem das Kind allein gelassen wird, was oft noch schlimmer wirkt.)

Hier kommt dein Erste-Hilfe-Set:

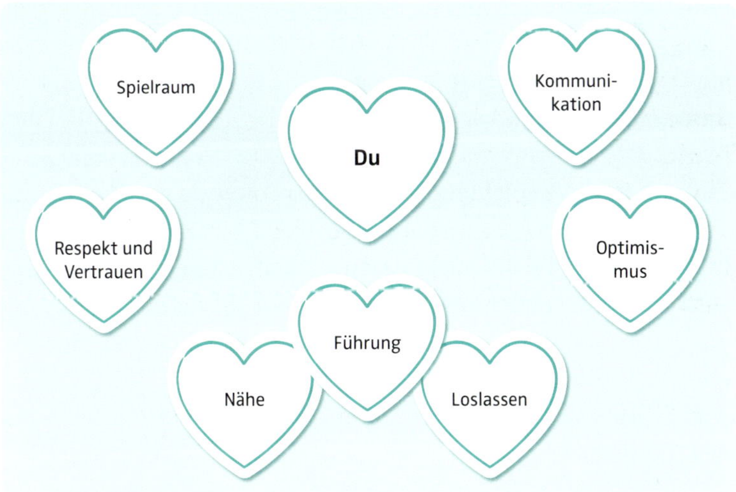

Beziehungsschlüssel

Notiere dir beim Lesen der folgenden Abschnitte für alle Bereiche, wo du im Moment stehst, damit du weißt, wo du aktiv werden solltest.

Vertrauen zu deinem Kind

Akzeptiere dein Kind als gleichwertig. Weder Niedermachen noch Abhärten oder Ignorieren sind Umgangsformen, die du mit einem Erwachsenen pflegen würdest. Gerade dein Kind hat es verdient, dass du dich um einen anderen Weg bemühst. Dazu gehört auch Straffreiheit. Erwachsene sind mächtiger und geben den Rahmen vor, in dem Kinder aufwachsen. Diese natürliche Macht sollte jedoch nicht ausgenutzt werden. Kinder lernen dieses Modell von ihren Eltern und drehen es irgendwann um, sodass es spätestens in der Pubertät zu Machtkämpfen kommt, die Eltern kaum mehr beherrschen können. Jugendliche machen dann „was sie wollen“. Noch mehr Härte der Eltern führt zu einem Teufelskreislauf aus Macht, Ohnmacht, Kontrolle und dementsprechend zu keiner wertschätzenden Beziehung.

Statt über Strafen und Angst sollte dein Kind über Mitfühlen lernen, wo die Grenzen der anderen liegen. Es braucht mehr Kraft und Zeit, deinem Kind zu zeigen und zu erklären, was ein eher unsoziales Verhalten in anderen Menschen auslöst. Aber nur so können in ihm Verständnis und Motivation reifen, auch ohne Strafen und ganz aus sich heraus sein Verhalten zu verändern.

Zum Vertrauen gehört auch, dass du deinem Kind zeigst, dass es gebraucht wird: in der Familie, im sozialen Netz, aber ebenso, um seinen persönlichen Weg zu bestreiten. Lass dein Kind aktiv werden.

Deine Erinnerungssätze: *„Wir schaffen das gemeinsam!“* und *„Du kannst das!“*

Biete deinem Kind einen gemeinsamen Weg an. Miteinander, nicht gegeneinander. Ihr geht zusammen, als Team. Das Kind fühlt sich gesehen.

Wenn du das Gefühl hast, es nutzt dein Vertrauen aus, zeig ihm in Beziehung, was das mit dir macht. Versuche, in deinem Kind Mitgefühl für dich zu wecken. Und probiere auch, hinter sein Verhalten zu schauen: Welchen guten Grund hat dein Kind, genau in dieser Situation so zu handeln? Ist es zu müde? Ist ihm die Sache besonders wichtig? Kann es das gewünschte Verhalten in seinem Alter überhaupt schon zeigen?

Vorwürfe helfen euch nicht weiter, einander verstehen aber schon! Bleib zugewandt. Nutze die Tipps aus dem Kapitel → **Gute Kommunikation.**

→ Du hast das Gefühl, dein Kind will dir etwas antun, und behandelst es deshalb feindschaftlich? Du nimmst sein Verhalten persönlich? Du reagierst hart oder bist infolgedessen eher abwesend? ZU STRENG

→ Du lässt zu, dass dein Kind nicht neben, sondern unreguliert über dir steht und sich geradezu ein umgedrehtes Machtgefälle ergibt? Du vertraust dir selbst nicht? ZU ENG

Nähe zu deinem Kind

Deinem Kind Nähe zu geben, meint vor allem, zuverlässig und feinfühlig zu sein. Was bedeutet das? Zuverlässig heißt nicht, dass du niemals Pläne ändern darfst. Wichtig ist, dass du berechenbar und zugänglich bist, geänderte Absichten also nachvollziehbar machst. Zu oft lassen wir unser Kind nur unsere letzte Entscheidung wissen, nicht aber unseren gedanklichen Weg dorthin. Dabei ist gerade das Abwägen und Überlegen wichtig, weil dein Kind daran sieht, dass du seinen Bedürfnissen und Wünschen Beachtung schenkst.

Feinfühlig bist du außerdem, wenn du wahrnimmst, was hinter dem Verhalten deines Kindes steckt und entsprechend reagierst – oder auch sagst, wenn du gerade gar nicht mehr weiterweißt.

Gemeinsame Zeit voller echtem Interesse an deinem Kind braucht es nicht ununterbrochen, aber gut dosiert immer wieder. Dann könnt ihr euch gegenseitig am besten wahrnehmen. Das gilt besonders, wenn es Zeit ohne Geschwister oder andere Menschen ist.

Deine Erinnerungssätze: *„Was kann ich für dich tun?"* und *„Was benötigst du von mir?"*

Frag dich, was dein Kind fühlt und was sein Handeln verursacht hat. Sei zugewandt und biete ihm Unterstützung an. Es fühlt sich gesehen.

Wenn du den Eindruck hast, du merkst nicht gut, was dein Kind braucht oder du stehst dir selbst dabei im Weg, ihm echte Nähe zu schenken, ist es sinnvoll, an dir zu arbeiten. Siehe dazu die Ausführungen im Kapitel → **Deine Geschichte.**

→ Du kannst dich nur noch über das Verhalten deines Kindes aufregen und gehst dann auf Abstand? ZU STRENG

→ Du kannst dein Kind nicht mitentscheiden lassen, ob es deine Nähe und Hilfe möchte? ZU ENG

Spielraum für dein Kind

Schau bei konfliktreichen Themen immer darauf, was alles möglich wäre. Es gibt fast nie nur den einen Weg. Ein anderer dauert länger oder ist mit mehr Umständen verbunden, pikst dich vielleicht, weil du einen Widerstand in dir überwinden musst. Aber alle sind okay.

Dein Erinnerungssatz, gerichtet an dein Kind: *„Du kannst mitentscheiden!“*

Biete deinem Kind eine Auswahl an: A oder B. Dann fühlt es sich gesehen.

Wenn es aus emotionalen Gründen nicht wählen kann, dann bist du wieder gefragt: → **Zugewandte Führung.**

→ Du bietest keine Alternativen an? Machst strenge Vorgaben und kontrollierst? Traust deinem Kind hier nichts zu? ZU STRENG

→ Du kannst nicht die Führung übernehmen, wenn dein Kind nicht wählt? Du spürst Konfliktscheue und vermeidest daher Diskussionen? ZU ENG

Dein Kind richtig loslassen

Mit Feinfühligkeit erspürst du nicht nur benötigte Nähe, sondern auch notwendige Freiheit. Dein Kind braucht sie, um zu lernen und zu spüren, was es kann. Du musst ihm Zutrauen schenken und immer wieder kleine Herausforderungen zumuten, die ein bisschen über das hinausgehen, was in deine Komfortzone passt.

Deine Erinnerungssätze: *„Das darf es gern allein ausprobieren."* und *„Ich traue meinem Kind etwas zu."*

Biete deinem Kind die Chance, selbstständig zu sein. Auch wenn es nicht der schnellste Weg ist. Dann fühlt es sich gesehen und gebraucht.

Wenn dein Kind besonders zurückhaltend ist, kann es sein, dass es für seinen Weg länger braucht als andere. Versuche, ihm diese Zeit angstfrei zu lassen. Falls es besonders fordernd ist und unheimlich viel Freiheit fordert, schau hin, was dich beim Erfüllen behindert. Denn du brauchst die innere Sicherheit, auf dem richtigen Weg zu sein, um dein Kind loslassen zu können: → **Deine Geschichte.**

ZU STRENG → Du musst jeden Wunsch nach mehr Freiheit kontrollieren und maßregeln?

ZU ENG → Du musst jeden Wunsch nach mehr Freiheit kontrollieren und übernimmst für dein Kind?

Zugewandte Führung

Du hast die Verantwortung für euren Weg. Gestalte ihn weit, freundlich und spannend, aber denk an die Leitplanken. Ohne sie ist dein Kind gefährdet. Und stehen sie zu eng, wird es erdrückt. Das heißt für den Alltag, dass Regeln gut sind.

Was macht gute Regeln aus?

- Gute Regeln stressen nicht, sondern helfen.
- Sie engen nicht ein, sondern lassen Spielräume.
- Gebote sind sinnvoller als Verbote.
- Am besten findet ihr sie miteinander und beachtet, was jedem Betroffenen wichtig ist.
- Die Verantwortung für den Rahmen liegt bei dir. Für das Ausfüllen des Spielraums liegt sie jedoch beim Kind.
- Regeln dürfen immer wieder überprüft werden, wenn sich Umstände oder Bedürfnisse ändern.

MÖGLICHE GUTE REGELN

- Wir verhalten uns im Bad so, dass wir die anderen nicht stören.
- Wir sagen den anderen Bescheid, wo wir hingehen, und besprechen die Uhrzeit für unsere Heimkehr.
- Jeden Sonntag darf reihum jemand das Ausflugsziel vorschlagen.
- Wir ziehen uns morgens erst an und frühstücken dann.
- Wir fragen bei Streit danach, welche Lösungsideen die anderen haben.
- Wir gehen erst nach einer Umarmung ins Bett, auch wenn noch Streit in der Luft liegt.
- Wir bemühen uns nachts darum, dass jeder Raum zum Schlafen hat.

Merkst du: Da steht nichts von festen Uhrzeiten oder Zeiträumen. Da steht auch nichts von Strafen, falls die Regeln nicht eingehalten werden. Denn das ist der beziehungsorientierte Mittelweg. Du gehst in Beziehung, ihr arbeitet miteinander. Und wenn Regeln immer wieder zu Stress und Streit führen, helfen kein Donnerwetter, kein Süßigkeitenverbot und kein mehrtägiger Hausarrest. Auch Aufgeben und Aushalten helfen nicht. Nein, du musst dich zeigen, über deine persönlichen Konsequenzen sprechen, sagen, wo es dir wehtut. Und hinschauen, wie es deinem Kind bei all dem geht.

Dein Erinnerungssatz: *„Lass uns sammeln, was jedem und jeder von uns wichtig ist!“*

Ermögliche deinem Kind, dank Regeln Orientierung zu haben. Beziehe es mit ein, wenn ihr diese festsetzt, und zwar mit Mitgefühl. Dein Kind fühlt sich dann gut aufgehoben und gesehen.

Wenn du das Gefühl hast, Regeln werden ständig gebrochen, schau nochmal genauer auf → **Spielraum für dein Kind** und → **Gute Kommunikation.**

ZU STRENG → Du findest die Ideen deines Kindes für eure Familienregeln immer total albern?

ZU ENG → Du nimmst es hin, wenn Regeln ständig gebrochen werden und dich das belastet?

Gute Kommunikation

Kommunikationsprobleme sind ein grundlegendes Übel für jede Beziehung, zwischen Erwachsenen und eben auch zwischen Eltern und ihren Kindern. Dieses Feld wird oft noch unterschätzt. Es fallen Sätze wie: *„Reden kann doch jeder!“* und *„Mit meinem Kind spreche ich wie ich will – ist doch egal!* Von wegen.

Wichtig ist, wie, was und auch wann etwas gesagt wird:

- Erzähle von dir.
- Hör zu.
- Nimm dir Zeit.
- Schaff Gelegenheiten zum Reden.
- Frag nach, ob du alles richtig verstanden hast, anstatt zu interpretieren.
- Sprich eine Entschuldigung immer aus, wenn du dich danach fühlst.
- Bewahre Geheimnisse.
- Biete körperliche Nähe an.

Je älter dein Kind wird, desto wichtiger wird das Reden, denn es ersetzt nach und nach das Spielen, um die Eindrücke zu verarbeiten, die die Welt deinem Kind schenkt. Im Alltag braucht ihr vor allem Raum dafür. Inhaltlich ist das richtige Kommunizieren dann besonders im Konfliktfall wichtig, denn gestörte **Konfliktfähigkeit** ist einer der häufigsten Auslöser für Beziehungsprobleme:

- Suche nicht nach Schuld, nur nach Ideen für Veränderungen.
- Frag nach Lösungen.
- Ermutige dein Kind dazu, bei der Bewältigung aktiv zu helfen.
- Häng Fehler nicht zu hoch. Wir alle machen sie. Wir alle können aus ihnen lernen.
- Zieh keine Mauer hoch, wenn ihr uneinig seid. Du kannst Zeit verstreichen lassen, aber solltest immer wieder den ersten Schritt auf dein Kind zu machen.

Deine Erinnerungssätze: *„Lass uns reden! Ich fühle mich damit so. Wie geht es dir denn dabei?“* und *„Hast du eine Idee, wie wir das ändern können?“*

Achte darauf, dass dein Kind weiß, was in dir los ist, und umgekehrt. Viele Uneinigkeiten entstehen nur, weil wir nicht alles offen auf den Tisch legen oder den Fokus zu sehr auf die Schuldfrage richten.

Wenn dein Kind keine Lösung finden kann, immer wieder schwankt, ist es an dir, in guter Führung (→ **Zugewandte Führung**) einen Rahmen zu setzen, den → **Spielraum für dein Kind.**

Wenn dein Kind nicht reden will, ist das nicht ungewöhnlich. Biete es immer wieder an. Verfällt es in eine unangenehme Wortwahl oder Lautstärke, sprich das an, aber geh nicht in den Angriffsmodus. Lösen kann man nur im Miteinander.

„Beim Wut begleiten die eigenen Antennen nicht auf ‚empfangen‘ stellen und sich vom Gefühl anstecken lassen. Innerlich den Schalter auf ‚Senden‘ stellen und Ruhe und Frieden schicken.“ ***@sternstaubkorn/Twitter***

Würdest du deine Macht nutzen, wäre es keine Einigung, sondern eine Anpassung, die ungute Folgen haben kann (innerlicher Stress, Lügen usw.). Hängst du immer wieder fest, befasse dich intensiver mit den Grundlagen von Gewaltfreier Kommunikation und mit dir und deinem Inneren → **Deine Geschichte.**

ZU STRENG → Du nimmst ständig alles persönlich und „schlägst“ dann zurück? Deinem Kind zuzuhören ist dir lästig?

ZU ENG → Du sprichst nicht an, wie deine Sicht ist? Du verzichtest zu Gunsten deines Kindes oft auf einen Kompromiss, der deine Bedürfnisse berücksichtigt?

Deine Geschichte

Nimm dir den Raum zu erspüren, welche Bedürfnisse du hast und ob sie stark zu kurz kommen. Denn Miteinander ist nicht einseitig, sondern schließt auch die Eltern mit ein. Schließlich haben Eltern, die Kraft getankt haben und sich gestärkt fühlen, auch Kraft und Stärke für ihre Kinder. Und die brauchen sie, um nicht zu eng oder zu streng zu sein, sondern im Miteinander Lösungen zu suchen.

- Kannst du dich um dich kümmern oder solltest du etwas verändern?
- Wie sehr ruhst du in dir selbst – oder gerade nicht?
- Falls eine Partnerschaft besteht: Seid ihr Erwachsenen auch gleichwertig im Umgang miteinander?

Du kannst nur ein guter Elternteil sein, wenn du bei dir selbst – in der Vergangenheit und im Jetzt – so weit wie möglich aufgeräumt hast. Blicke auf deine Geschichte:

- Welche Prägungen haben deine Eltern dir mitgegeben? Wurdest du in eine Rolle gedrückt, die du immer noch innehast? Was davon möchtest du behalten und was gerne loslassen?
- Wie ist dein eigenes Bindungsverhalten? Kannst du dir Unterstützung suchen? Kannst du dein Temperament stressfrei händeln? Was brauchst du, um vielleicht (noch) beziehungsorientierter zu sein?

Deine Erinnerungssätze: *„Was benötige ich?“* und *„Ich darf mich um mich selbst kümmern.“*

„Es fällt mir schwer, meinen Eltern einen klaren Erziehungsstil zuzuordnen. Ich sehe sie in der Mitte zwischen ‚beziehungsorientiert‘ und ‚autoritär‘. Ich kann mich allerdings auch an Situationen erinnern, in denen sie Entscheidungen, die uns direkt betrafen, über unsere Köpfe hinweg fällten und unser Einverständnis einfach voraussetzten. Beispielsweise hatten meine Schwestern und ich bis zum Schulwechsel nach der 4. Klasse sehr kurze Haare, weil es unserer Mutter praktischer erschien

und für sie weniger Arbeit mit Frisieren, Haarewaschen und so weiter bedeutete. Dabei hätte ich als Grundschülerin sehr gerne lange Haare gehabt (alle meine Freundinnen hatten lange bzw. halblange Haare). Einige Male wurde ich aufgrund der kurzen Frisur auch für einen Jungen gehalten, was mir ziemlich unangenehm war. Manchmal fällt es mir tatsächlich schwer (vor allem in stressigen Situationen), keine ‚Erziehungsmethoden' meiner Eltern anzuwenden und auch unter Druck und Stress zugewandt zu bleiben. An manchen Tagen hindert mich auch einfach die Fülle an Ansprüchen, die an mich gestellt werden (berufliche Aufgaben, die Hausarbeit, Kontakte pflegen usw.) daran, Kreativität und Energie aufzubringen, um mein Kind gut zu begleiten." ***Maria, 37***

Kümmere dich um dich. Dein Kind fühlt sich dann nicht genötigt, sich anzupassen, um dich nicht zusätzlich zu belasten. Es fühlt sich gut aufgehoben und stressfrei.

Zum Weiterlesen
Müttern können „Love yourself, Mama" von MutterKutter oder „Wow Mom 2" von Lisa Harmann und Katharina Nachtsheim helfen. Alle Elternteile können mit dem Buch „Mein Familienkompass" von Nora Imlau beeinflussenden Erfahrungen auf die Spur kommen und sie verändern.

Wenn es dir über einen längeren Zeitraum so erscheint, als würde dein Kind dir alle Kraft für Selbstfürsorge rauben, oder aber du das Gefühl hast, du **musst** ihm alles von dir geben, schaffst du den Weg da heraus eventuell nicht allein. Such das Gespräch mit einer oder einem Coach oder sprich mit deinem Hausarzt oder deiner Hausärztin, damit du an die richtige Stelle überwiesen werden kannst.

ZU STRENG → Du bist aggressiv, weil du das Gefühl hast, dein Ich verschwindet hinter deiner Mutterschaft? Du reagierst desinteressiert oder bist in Folge eher abwesend?

ZU ENG → Du hast keine Kraft für Konflikte und sagst ständig „Ja und Amen"?

Dein Optimismus

Ein positiver Blick auf die Welt, auf die Zukunft, auf sich selbst und das eigene Umfeld ist für Beziehungen wichtig – und für das eigene Sicherheitsgefühl. Natürlich heißt das nicht, dass du ständig alle Probleme kleinreden sollst. Aber Zuversicht schiebt Bewältigung wunderbar an. Mit ihr kann man starten, auch wenn der Berg hoch ist. Hier ist kein Platz dafür, misstrauisch zu sein oder in Ängsten zu erstarren.

Dein Erinnerungssatz: *„Das Leben ist so oft gut. Auch dank dir!“*

Sag deinem Kind, was du an ihm magst. Richte mit ihm gemeinsam den Blick auf schöne Erinnerungen und Vorfreude.

Wenn dir Optimismus schwerfällt, kann das vielerlei Gründe haben. Deine aktuelle Situation oder viele schlechte Erfahrungen können die Zuversicht trüben. Aber es ist nicht sinnvoll, an dieser Stelle stehend zu verharren. Kämpf dich zurück, wenn du kannst, und achte jeden Tag bewusst auf Gutes, egal wie klein es ist. Nimm die Blockaden wahr, die dich daran hindern, das Gute zu sehen, und versuche, sie zu verändern. Blicke bei Bedarf nochmal auf das Kapitel → **Deine Geschichte.**

Kannst du das allein nicht schaffen, such dir Hilfe. Eine dauerhaft pessimistische Stimmung kannst du eventuell nicht allein bewältigen und schon gar nicht einfach weglächeln! Erste Anlaufstelle wäre hier wieder deine hausärztliche Praxis, eine Beratungsstelle oder auch eine psychotherapeutische Begleitung.

→ Du kannst deinem Kind nur für Leistung eine positive Rückmeldung geben? ZU STRENG

→ Du kannst deinem Kind nicht gut Negatives sagen, weil du dich ängstigst, es zu sehr zu belasten? ZU ENG

Dein Memo für den Alltag

Nimm dir deine neuen Glaubenssätze als Memo mit. Die Bereiche, die dir besondere Schwierigkeiten machen, kannst du gezielt angehen und den Anfang damit machen, den dazugehörigen Satz als Impulsgeber augenfällig zu Hause aufzuhängen:

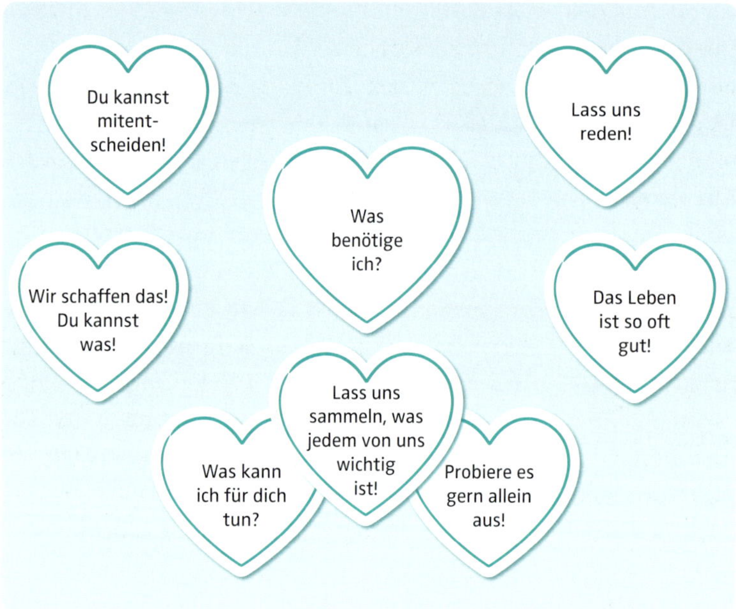

Memos für die Beziehungsschlüssel

Probleme im Alltag

Elias und Marie

Die Eltern von Elias und Marie haben auf den geschilderten nicht-beziehungsorientierten Wegen die genannten Schlüssel nicht gekannt oder nicht genutzt.

Der herrische Elternteil lässt keinen Spielraum, zeigt weder Respekt noch Vertrauen, hat vielleicht keinen guten Zugang zu sich selbst, schenkt wenig Nähe, lässt ungern los. Er oder sie führt hart, kommuniziert unfair und strahlt vielleicht eher wenig Optimismus aus. Alle Bereiche sind nicht gut erfüllt.

Dem oder der Abwesenden sind Spielräume nicht wichtig. Respekt und Vertrauen sind nicht wirklich Thema, in keine Richtung. Wahrscheinlich ist er oder sie zu sehr mit „irgendwie zurechtkommen" beschäftigt, um sich als Voraussetzung für gute Elternschaft richtig um sich selbst zu kümmern. Nähe, Loslassen und Führung sind nicht die beherrschenden Themen. Kommunikation findet kaum statt und der Optimismus ist wahrscheinlich eher nicht greifbar. In allen Bereichen gibt es Schwierigkeiten.

Der verwöhnend überfürsorgliche Elternteil bietet unendlichen Spielraum, worunter die Führung leidet. Er erfasst nicht, wann Nähe und wann Loslassen nötig ist. Respekt und Vertrauen dem Kind gegenüber sind im Grunde da, aber mit Angst vor Verlust verbunden; dem Kind wird vertraut, aber nicht seiner Bewältigungskompetenz. Hier ist dringend Selbstarbeit gefragt. Und im Bereich Kommunikation holpert es. Der Optimismus zeigt sich nur gelegentlich und sicher nicht frei und locker. Auch dieser Elternteil hat in vielen Beziehungsbereichen Probleme.

(Alle Beispieleltern könnten natürlich grundlegend ein Problem im Bereich Sicherheit haben.)

Die Kinder müssen das aushalten, die Eltern-Kind-Beziehung leidet darunter. Unseren Beispielkindern wird die Persönlichkeitsentwicklung erschwert. Eingewöhnungen und Kita-Zeit, Einschulung, Kontakt zu Gleichaltrigen, Schullaufbahn und Hausaufgaben sind Bereiche, in denen das vom Erziehungsstil mitbedingte Bindungsmodell eines Kindes beispielsweise auffällig werden kann.

Euer Familiensystem

Bist du an dem Punkt, dass dein Kind sich ungewöhnlich verhält, kannst du nicht nur an den Beziehungsschlüsseln arbeiten, sondern dich dem Thema auch noch von dieser Seite nähern: Wo in eurem System steckt vielleicht die Ursache? Wo stecken also die Lösungen für Veränderungen? Was sind mögliche Blockaden und was braucht ihr, um sie zu verändern?

Für Elias und Marie können wir die meisten der folgenden Fragen nicht beantworten, da wir nur einige Ausschnitte ihrer Lebensrealität betrachten konnten. Aber im wahren Leben sind all diese Bereiche immer vorhanden und überall kann sich eine Komplikation verstecken.

Beantworte für dich:

- Wie sieht die berufliche Eingebundenheit von beiden Elternteilen aus? Wie viel Raum ist für die Beziehung zum Kind?
- Wie alt ist dein Kind jetzt? Auf welchem Entwicklungsstand sollte es in etwa sein?
- Wie ist eure Wohnsituation?
- Welche Besonderheiten gab es in der Schwangerschaft, bei der Geburt und im Wochenbett?

- Was hat dein Kind für ein Temperament?
- Welche Eingewöhnungserfahrungen hat dein Kind bislang gemacht?
- Wie zeigt sich dein Kind außer Haus?
- Wie sieht euer Alltag aus und was davon empfindest du als ständiges Ärgernis?
- Welche Herausforderungen hatte dein Kind schon zu meistern (zum Beispiel Trennungen, Krankenhausaufenthalte, Todesfälle, beängstigende Situationen)?
- Gibt es bei deinem Kind körperliche Besonderheiten? Hat es spezielle Themen rund um Essen oder Schlafen?
- Welche Fragen stellst du dir immer wieder?
- Wie gut ist dein Netzwerk? Wer versteht dich und deine elterlichen Sorgen? Wer hilft dir?
- Was weißt du über deine Familiengeschichte? Wie waren deine Bindungserfahrungen mit deinen Eltern? Wie ist euer Kontakt heute?
- Welche Probleme siehst du bei dir selbst oder dem anderen Elternteil?
- Gibt es Probleme in deiner Partnerschaft?
- Welche Ziele hast du für dich und die Eltern-Kind-Beziehung?
- Welche Hilfen hast du schon in Anspruch genommen?
- Was weißt du schon über Eltern-Kind-Beziehung, Kindertemperamente und -entwicklung, Bindung und Kommunikation? Was solltest du noch vertiefen?

Möglicherweise hilft es dir, wenn du zu allem Notizen machst und sie entweder mit jemandem Vertrauten besprichst oder aber Expert*innen an deine Seite holst. Der Blick von außen kann dich noch besser schubsen, um zu erkennen, wo im System deines Kindes die Störfaktoren liegen. Zu allen Themen gibt es inzwischen gute, beziehungsorientierte Lektüre oder auch Coaches. Auf die Fragen rund um deine Partnerschaft geht das nächste Kapitel außerdem nochmal genauer ein.

Alle notwendigen Bereiche anzugehen, ist manchmal gar nicht möglich, vor allem, wenn dir finanzielle, zeitliche oder kräftemäßige Voraussetzungen dafür fehlen. Diese Erkenntnis ist schmerzhaft. Dennoch hilft es mental, wenn du die Problemfelder einkreisen konntest. Vielleicht kann ja zumindest ein Bereich verändert werden. Und du solltest trotzdem Fachleute fragen, ob sie dir nicht doch Hilfen zugänglich machen können.

EXPERT*INNEN FINDEN

Kostenlose Beratung zu Erziehungsfragen und Familienalltag bietet die Caritas, auch online. Allgemeine Sozialberatung gehört dazu und unter Umständen kann auch ein Familienhelfer oder eine Familienhelferin zu euch nach Hause kommen. Auch über das Familienportal des Bundesministeriums für Familie, Senioren, Frauen und Jugend findest du jede Menge Unterstützung. Nutze diese Ressourcen. Hilfe zu suchen ist mutig!

Andere Familiensysteme

Mit meinem Ansatz, an Bindung zu arbeiten, bezwecke ich nicht, dass du dich schlecht fühlst. Ich will dich nicht beschimpfen oder dir Vorwürfe machen. Umgib dich mit Menschen, die das gleiche Ziel haben wie du. Nicht mit denjenigen, die auslösen, dass du dich schlecht fühlst. Du sollst ermutigt werden, an dir zu arbeiten. So wie die Eltern von Greta und Viktor in den folgenden beiden Beispielen aus meiner Beratung (die Namen wurden geändert). Sie erlauben dir einen Blick in andere Systeme:

BEISPIEL 1: BEZIEHUNGSNETZ ERWEITERN

Die Familie von **Greta** stammt aus Norddeutschland. Ich habe sie vom Kleinkindalter bis in die Grundschulzeit hinein betreut. Greta lernte ich als sehr schüchternes Mädchen kennen. Aufgrund dieses Temperaments und wegen familiärer Prioritäten hatten die Eltern sich entschieden, sie nicht in einen Kindergarten zu geben. Die Eltern versuchten, Greta anderweitig Kontakte und Impulse zu ermöglichen, doch das Kind boykottierte vieles oder drängte zu raschen Abbrüchen von Unternehmungen. Die Eltern zeigten sich als verwöhnend überfürsorglich und ließen sich immer sehr schnell auf Gretas Forderungen ein. So wurden ihre Hemmungen im sozialen Miteinander immer größer.

Unser Lösungsansatz:

- Mit zeitlichem Abstand gewöhnten die Eltern sowohl eine Babysitterin als auch ein Nachbarskind und dessen Eltern in Gretas Beziehungsnetz ein.
- In kleinen Schritten organisierten sie immer wieder Ausflüge, die Begegnungen mit anderen beinhalteten, aber alles gut geplant und wohl dosiert. Anstatt rasch aufzubrechen, wenn Greta dies forderte, blieben sie, aber boten ihr zugewandte Rückzugsmöglichkeiten (zum Beispiel auf dem Arm, im Bollerwagen mit Plane).
- Parallel sprach ich mit den Eltern viel über ihre Geschichten und ihre Gefühle. Außerdem gab ich ihnen viele Informationen zur kindlichen Entwicklung mit und wir übten eine verbesserte Kommunikation. Alles zusammen machte sie klarer und sicherer.
- Außerdem zogen wir einen Kinderpsychologen hinzu, der vor allem den Eltern eine zusätzliche Stütze war und diagnostisch einige Sorgen ausschloss.

Als es auf die Einschulung zuging, kamen verstärkt Ängste in den Eltern und auch im Kind zurück. Der Kinderpsychologe machte Druck, dass Greta vor dem Schuleintritt doch noch unbedingt einen Kindergarten besuchen sollte. Die unsicheren Eltern und das schüchterne Kind gingen sofort in eine Abwehrhaltung. Ich konnte sie auffangen: mit Kompromissen, im Miteinander, mit einem „doppelten Boden“ – denn auch Eltern brauchen diese Sicherheitsleine. Sie brauchten Schubser, aber immer mit der Gewissheit, doch wieder einen Schritt zurückmachen zu können und Greta nicht allein lassen zu müssen:

- Wir fanden eine Spieltherapeutin, die im Gegensatz zu anderen nicht darauf bestand, Greta möglichst rasch ohne Eltern zu behandeln. So konnten alle aus der Familie langsam Vertrauen fassen.
- Ich entwickelte mit den Eltern Strategien, um dem Mädchen zu Hause zu helfen, Ängsten nicht mehr passiv entgegenzusehen, sondern sie anzupacken.
- Schließlich fanden wir sogar eine Schule, die den Eltern intensiv zuhörte, Lösungen für verschiedene Sorgen vorschlug und Greta einen warmen, eng begleiteten Empfang bereitete.

Das veränderte System. Viel war dabei auch Glückssache. Es kommt immer auf die Menschen und auf die Beziehungen an, die sie möglich machen. Die Qualität der Institutionen und begleitenden Expert*innen ist von Bedeutung. Leider ist auch hier oft noch viel bindungsinformative Arbeit zu leisten. In Gretas Fall waren alle Beteiligten schnell für einen beziehungsorientierten Weg mit den notwendigen Sicherheiten zu gewinnen. Ein Konfrontationskurs hätte es Gretas Eltern schwer gemacht, konstruktive Kritik anzunehmen und zu nutzen.

Aber du siehst auch, dass die Arbeit an den Beziehungsschlüsseln der wichtigste Schritt ist. Die Eltern standen Greta im Weg mit ihrer großen Angst. Sie konnten ihr nichts zumuten. Als wir diese angegangen sind, konnten sie erkennen, dass Schubser ihrer Tochter guttun. Und sie konnten es wagen, sie ihr zu geben. Ihre besonders große Sorge machte es nötig, dass wir kleinschrittig vorgingen und sie immer wieder abfederten. Aber sie haben ihre Ziele erreicht und wissen auch, wie sie weitere Herausforderungen gut angehen können.

BEISPIEL 2: EIN NEUTRALER BLICK VON AUSSEN

Viktor ist ein sehr forscher Junge. Seine Familie wandte sich an mich, als er bereits in der ersten Klasse einer kleinstädtischen Schule im Osten Deutschlands war. Sie klagten über die Schule, die das wilde Verhalten ihres Sohnes sehr dramatisierte, sich überfordert zeigte und Diagnostik hinsichtlich einer Verhaltensstörung forderte. Als erstes sprach ich (mit elterlicher Erlaubnis) mit der Schule, um die dortige Sichtweise kennenzulernen.

Recht schnell wurde deutlich, dass beide Parteien sich als Gegner*innen fühlten und eine Schuld beim jeweils anderen sowie eher schnelle, einfache Lösungen suchten. Sie kamen aber gar nicht richtig miteinander ins Gespräch, denn es standen nur konträre Forderungen im Raum. Niemand hörte der anderen Seite zu. Hier waren alle auf Konfrontationskurs, der es verhinderte, dass besonders die Eltern Kritik annehmen und ihr Erziehungsverhalten betrachten konnten.

Unser Lösungsansatz

Ich ermutigte die Eltern, eine neutrale dritte Instanz mit ins Boot zu holen. Sie nahmen Kontakt zum Jugendamt auf. Die Mitarbeiterin konnte frei den Blick auf Viktor richten und für ihn sprechen, als alle zusammen an einem Tisch saßen. Denn sie fühlte sich nicht angegriffen wie die Eltern und musste nicht die Kapazitäten des Kollegiums im Hinterkopf haben wie die Schulleiterin. Sie forderte ein Miteinander und Lösungsorientierung ein. Im Ergebnis mussten beide Seiten etwas verändern:

- In der Schule durfte Viktor die Klasse wechseln. Denn seine Klassenlehrerin tat sich zu schwer damit, dem Kind nach den Konflikten im Vorfeld frei zu begegnen, während die Leitung der Parallelklasse in einem Nebenfach schon einen guten Draht zu dem Jungen gespürt hatte. Ein Neuanfang.

- Sie schaffte es auch, die neuen Klassenkamerad*innen für Viktor einzunehmen, indem sie Patenschaften organisierte, die ihm halfen, gut anzukommen.
- Die Eltern suchten eine Erziehungsberatung vor Ort auf, denn es zeigte sich in der Arbeit mit mir, dass sie nicht nur einfach gut hinter ihrem Sohn gestanden hatten, sondern tatsächlich nicht immer passend mit seinem wilden Temperament umgegangen waren. Ihr großes Problem war der Bereich der Führung, und dahinter lagen verschiedene Ängste. Die intensive Vor-Ort-Hilfe war das Richtige für sie, da die Berater*innen zu ihnen nach Hause kommen und ganz alltagsnah ansetzen konnten.
- Das Jugendamt behielt die weitere Entwicklung im Blick, damit Viktor bestmöglich gefördert wurde. Schule und Elternhaus konnten durch die Mediation im Miteinander bleiben.

Das veränderte System. Besonders spannend daran war, dass Viktor selbst gar keine Veränderung oder gar Therapie benötigte. Hier war es nur das Umfeld, das sich anders aufstellen und ihm anders begegnen musste, damit er lernen konnte, selbstständiger und sinnvoller zu handeln: Verständnis, Zeit und Beziehung beziehungsweise zu Hause ein veränderter Erziehungsstil!

Mit Hilfe kann man so viel schaffen und für Kinder und ihre Familien verbessern. Alle profitieren davon, auch das Umfeld. Manches kann man sogar allein angehen, wenn man die Kapazitäten hat. Ich möchte dich nochmals ermutigen, genau hinzuschauen, wenn du dich immer wieder überfordert fühlst oder den Eindruck hast, du würdest ständig „Fehler" machen. Es kann viele Ursachen haben. **Lerne sie kennen. Gehe sie an. Und investiere mit den Beziehungsschlüsseln in die Verbindung zu deinem Kind.**

SAFE

Großartig wäre es, wenn Eltern viel stärker und frühzeitiger dieses Wissen zugänglich gemacht würde. Die Initiative „SAFE" nach Karl Heinz Brisch versucht dies beispielsweise: Eltern lernen bereits während der Schwangerschaft und dann im ersten Lebensjahr ihres Babys bindungsrelevante Inhalte, vor allem Feinfühligkeit.

Erzähle anderen davon und starte vielleicht vor dem nächsten Kind selbst mit dieser Unterstützung.

SICHERHEIT NACH INNEN UND AUSSEN

Wenn du es geschafft hast, an dir zu arbeiten und bewusster mit deinem Kind in Beziehung zu gehen, bleibt immer noch das Problem, dass ihr keine Insel seid: Dein Kind hat mehrere Bezugspersonen, du triffst auf andere Erwachsene und Meinungsverschiedenheiten rund um Erziehung schwingen immer wieder mit.

Auch hier rate ich dir wieder: *Keine Beratung ohne Auftrag*. Lass die anderen machen, wenn sie dir nicht sehr nahestehen und ihr Verhalten keine psychische oder körperliche Gewalt umfasst.

VERNACHLÄSSIGUNG ODER GEFÄHRDUNG?

Bist du unsicher, ob ein Erziehungsverhalten nur „nicht okay" oder aber wirklich schädigend ist, sprich darüber. Das geht immer anonym beim nächsten Jugendamt oder beim Elterntelefon des Deutschen Kinderschutzbundes unter 0800 1110550. Frag lieber einmal zu viel als einmal zu wenig, wenn dein Bauchgefühl dir keine Ruhe lässt.

Wirst du jedoch angesprochen und um einen Meinungsaustausch gebeten, solltest du gerade durch das Bearbeiten der Gedankenspiele in diesem Buch gut aufgestellt sein:

- Du weißt, **warum Beziehung wichtig ist** und welche Vorteile die kindliche Entwicklung hat, wenn sie im beziehungsorientierten Umfeld stattfinden darf.

- Du kennst die **Beziehungsschlüssel.**
- Du weißt, **welche Probleme sich ergeben können,** wenn ein Kind anders begleitet wird, weil Eltern in den verschiedenen Schlüsselbereichen Probleme haben.

Sprich darüber und lade dein Gegenüber gerne ein, den Weg der Gedankenexperimente auch selbst zu gehen. Denk daran, dass der oder die andere spüren sollte, dass du ihm oder ihr helfen möchtest. Gute Kritik geschieht zugewandt, nicht vorwurfsvoll und niedermachend. Du erreichst dein Gegenüber am besten, wenn du seine oder ihre Motivation ergründest. Halte keinen Vortrag, sondern stelle Fragen. Begebt euch zusammen auf den Weg.

Du kannst so ins Gespräch gehen:

- *„Kannst du ausmachen, warum du so reagierst?"*
- *„Warum ist die Beziehung zu deinem Kind so – was glaubst du?"*
- *„Wie geht es dir? Was würdest du dir anders wünschen?"*
- *„Ich habe darüber gelesen, dass so eine Verhaltensauffälligkeit, wie du sie bei deinem Kind siehst, viele Ursachen haben kann. Bevor du dein Kind so kritisch siehst, schau doch mal auf die all diese Punkte in eurem System. Findest du etwas, dass dir zu denken gibt?"* (siehe Liste S. 158)
- *„Ich konnte durch ein Gedankenspiel genau sehen, wie ein bestimmter Erziehungsstil sich auf ein Kind auswirken kann. Magst du das mal nachlesen? Es ist total wertschätzend."*
- *„Ich habe über mich gelernt, dass mir manchmal Sicherheit fehlt und die hole ich mir dann meinem Kind gegenüber dadurch, dass ich zu streng / zu eng bin. Das war sehr eindrucksvoll. Magst du dich damit befassen?"*
- *„Vielleicht bin ich nicht die richtige Person, um deinen Blick zu verändern, aber ich kann dir ein Buch / ein Coaching empfehlen, damit du ganz behutsam auf euch schauen kannst."*

COACH FINDEN

Beziehungsorientiert arbeitende Coaches findest du zum Beispiel über Bindungs(t)räume, familylab oder das Sekretariat von Prof. Dr. med. K.H. Brisch.

Du und die anderen

Ein schwierigeres Thema ist es, wenn du und dein Erziehungsverhalten von jemandem hinterfragt werden, der dir nahesteht und vielleicht mit dir gemeinsam dein Kind begleitet. Kritisiert dich dein Partner oder deine Partnerin, spielen viele Emotionen mit hinein und du fühlst dich vielleicht rasch angegriffen. Und du hast sicher auch selbst das Gefühl, den oder die andere in diesem Punkt verändern zu wollen. Besonders persönlich wird das Ganze oftmals in Trennungssituationen.

Meckern Tanten, Onkel oder gar deine Geschwister oder Eltern über deinen beziehungsorientierten Weg, kann das sehr verletzend sein. Häufig zeigen sich neben Ärger und Wut darüber auch ganz alte Muster: Der Bruder, der es eh schon immer besser wusste? Die Tante, die als Kind zum Gehorsam getrimmt wurde und bei der es dir als Kind schon nicht gut ging? Das sind nur einige Beispiele dafür, wie ganz alte Konflikte wieder hervorgeholt werden und es schnell nicht mehr nur um die Erziehungsmethoden geht, sondern „nebenbei" auch um schon lange schwelende Konflikte.

Hilfreich wäre, das zu trennen und zumindest zu versuchen, im Hier und Jetzt zu bleiben. Vielleicht helfen Fragen wie:

- Ist die Kritik berechtigt?
- Wie würde sie bei mir ankommen, wenn sie von jemand anderem kommen würde?

Zweifeln Fachkräfte im Kindergarten, der Schule oder anderswo deine Haltung an, kommt möglicherweise die Sorge hinzu, wie klar du sein kannst, wenn du deine Position erläuterst. Begegnen sie deinem Kind unfair, wenn ihr in einen Streit geratet?

Position zu beziehen und vielleicht sogar eine Veränderung beim anderen zu erreichen, ist eine Mammutaufgabe. Was kannst du tun?

„Das Schwierige am Erziehen ist mein Partner. Ich habe für mich ein paar Eckpfeiler im Kopf, die in der Erziehung unseres Sohnes sehr wichtig sind. Selbstbestimmt soll er aufwachsen, frei in seinen Gefühlen. Ohne Druck, „ein richtiger“ Junge sein zu müssen, der nicht weint, um mal ein Beispiel zu nennen. Und obwohl ich meine Einstellung dazu ganz klar an meinen Mann kommuniziert habe, erlebe ich immer wieder, wie er die ‚Du bist doch schon ein großer Junge!‘-Karte ausspielt. Ich höre: ‚Ach, da muss man jetzt aber nicht weinen!‘ oder ‚Ein Indianer kennt keinen Schmerz!‘ und bin genervt.
Genervt davon, dass ich die Begleitung unseres Sohnes, meine inneren Glaubenssätze und mein Verhalten reflektiere und er mit Plattitüden drüberfährt. Und irgendwie zieht sich das so durch. Ich bemühe mich um ein Miteinander in Beziehung, er wählt ein Miteinander durch ‚Bestechung‘: Windel wechseln? Mit Schokoladenbelohnung. Das Kind weint? Schnell mit irgendwas ablenken – je lauter und bunter, desto besser. Das Kind ‚gehorcht‘ nicht? Dann wird geschimpft, der eigene Ärger ausagiert und Zuwendung entzogen.
Kein Gedanke daran, wo das langfristig hinführen könnte. Zu welcher Art Erwachsener unser Sohn dadurch werden könnte. Wo ich mir selbst vermutlich zu viele Gedanken mache und etwas entspannter sein sollte, würde ich mir wünschen, dass mein Partner manchmal ein bisschen mehr nachdenkt und vorausschauender handelt. Denn es geht mir nicht um das, was man ausnahmsweise mal macht, sondern um das, was zur Regel wird. Das, was langfristig in die Entwicklung eingeht. Dafür wünschte ich mir einen geschärfteren Blick und kein genervtes Abwinken, wenn ich darüber sprechen will. Ein Begleiten des Kindes als Team. Gemeinsam am selben Strang ziehen und die gleichen Grundziele verfolgen.“ ***Michèle, 33***

Deine Partnerschaft

Erst einmal finde ich es entlastend, dass ein Kind es gut aushalten kann, wenn Eltern unterschiedliche Entscheidungen treffen und sogar ganz unterschiedliche Erziehungsstile verfolgen. Das kann dazu führen, dass es Unsicherheiten und Widersprüche im Bindungsverhalten des Kindes gibt, wie unser Gedankenspiel gezeigt hat. Aber es kann dennoch #gutgenug sein. Das Kind muss damit zurechtkommen, muss die Unklarheiten bewältigen. Das ist eine Herausforderung, aber schaffbar. Sie stresst, doch ist kein totales Drama, wenn nicht noch mehrere andere Belastungen hinzukommen.

Ist nur ein Elternteil in guter Beziehung, kann das ausreichend Bewältigungskraft schenken. Vor allem wenn das Beziehungsnetz des Kindes durch weitere Menschen gut verstärkt wird, wenn zum Beispiel Großeltern oder auch eine liebevolle Lehrkraft helfen. Jedes bisschen gute Beziehung ist ein Schutz- und Sicherheitsfaktor.

ARBEIT AN DER PARTNERSCHAFT

Wie viel Kraft du in die Arbeit mit deinem Partner oder deiner Partnerin (oder anderen) stecken solltest, kannst du im Vorfeld für dich abklären. Denn es kann sein, dass sich der Aufwand lohnt, oder aber deine Anstrengungen sind von vorneherein zum Scheitern verurteilt. Woran machst du das fest?

Im Grunde musst du als Erstes klären, wie zufrieden du im Moment bist. Denn deine Zufriedenheit bestimmt deine Motivation und deine Kraft. Beantworte für dich nach allem, was du in diesem Buch schon gelernt hast, unter welchen Voraussetzungen sich bei dir in der elterlichen Verbindung Zufriedenheit einstellen kann:

Kannst du dich zufrieden fühlen, wenn du deine Ansprüche senkst? Reicht deine beziehungsorientierte Elternschaft aus, damit das Kind in einem starken Familiensystem aufwachsen kann? Weil der Erziehungsstil deines Partners oder deiner Partnerin eigentlich #gutgenug ist? Und weil euer Alltag insgesamt doch leichter ist als es ständige Diskussionen und Kämpfe wären? Dann musst du die Streitpunkte nicht angehen.

Oder kannst du nur zufrieden werden, wenn sich etwas bei der oder dem anderen oder an der Situation verändert? Erscheint dir ein Angehen eurer Krise in kleinen Schritten leichter als das Aushalten des Ist-Zustands? Dann hast du Motivation, um die bestehenden Probleme tatkräftig anzugehen.

Wenn das mögliche Ziel – ein deutlich bindungssichereres Kind – den Aufwand rechtfertigt, wird deine Motivation groß genug sein. Vielleicht brauchst du nur noch etwas Unterstützung, zum Beispiel durch eine Beratung. Und dann ist es wichtig, dass du kleine Schritte planst: immer nur einen Schritt weiter. Das ist der erfolgreiche Weg. Wer gleich den ganzen Berg sieht und von heute auf morgen auf dem Gipfel stehen will, erwartet zu viel und wird sehr wahrscheinlich enttäuscht werden.

Um auf dem Weg durchzuhalten, kann es dir helfen, jeden kleinen Erfolg zu notieren und Fortschritte zu sammeln.

Tipps für den Alltag mit eurem Kind:

- Halte es aus, wenn der Mensch an deiner Seite anders entscheidet als du, wenn du nicht zuständig bist. Vertrau darauf, dass er oder sie es auch gut machen möchte. Es gibt nicht immer nur eine Lösung.
- Hältst du sein oder ihr Handeln grundsätzlich für sehr kritisch, klärt das in einem grundlegenden Gespräch, nicht im akuten Fall.
- Keiner von euch sollte den Kindern heimlich etwas zugestehen, was dem oder der anderen nicht gefällt. Dann tragt ihr den Streit unter Einbeziehung der Kinder aus und belastet sie. Klärt Lösungen untereinander. Dabei sollten beide aufeinander zugehen. Einseitige Kompromisse sind keine guten Kompromisse.

- Auch hier gilt wie in der Eltern-Kind-Beziehung: Handlungsspielraum statt strikter Regeln.
- Schaut außerdem darauf, ob ihr beide ausreichend Einzelzeit mit dem Kind verbringt, in der ihr es wirklich wahrnehmt. Oft ist es unglaublich hilfreich, mehr 1:1-Zeiten zu planen, anstatt zu viel Wert auf Familientage in kompletter Besetzung zu legen. Dann können Kind und einzelnes Elternteil Beziehungssicherheit gewinnen.

Guten Willen unterstützen. Will dein Partner oder deine Partnerin den eigenen Weg verändern, aber es fällt ihm oder ihr wahnsinnig schwer, dann gib ihm oder ihr vor allem zwei Punkte mit: Erstens **Zugewandtheit**. Es ist wichtig, immer Nähe zum Kind zu suchen, auch wenn man das Verhalten umständlich findet. Zweitens **Ehrlichkeit**. Wenn man ein Verhalten nicht gut einschätzen und begleiten kann, sollte man dem Kind gegenüber immer formulieren, dass man gerade wirklich nicht weiß, was es möchte. Es ist wichtig, sich dem Kind gegenüber echt und mitfühlend zu zeigen.

„Mein Mann hat sich zu Beginn unserer Elternschaft wenig mit Bindungsorientierung beschäftigt. Er hat mich im Umgang mit den Kindern beobachtet und das übernommen, was sich für ihn gut angefühlt hat, wollte aber nie irgendeinen Hintergrund dazu wissen. Das hat sich geändert, als er Scrum-Master wurde, also verantwortlich dafür war, dass in einem selbstorganisierten Team die Prozesse reibungslos funktionierten, und er die Agilität als innere Haltung für seine Arbeit entdeckte. Gemeinsam haben wir immer mehr Überschneidungen zwischen Agilität und unserem Umgang mit den Kindern gefunden. Ein gemeinsamer Online-Video-Kurs zu gewaltfreier Kommunikation hat diese beiden Stränge – Agilität und Begleitung unserer Kinder – dann miteinander verbunden. So entstand eine gemeinsame innere Haltung, bei der es darum geht, in einer guten Verbindung zu den Mitmenschen zu stehen.“

Ulla, 38

Dennoch bleibt es ein wackliger Punkt, wenn dein Kind von verschiedenen Seiten, die ihm beide sehr wichtig sind, deutlich unterschiedliche Signale bekommt. Der entscheidende Faktor dabei ist wieder die **Konfliktfähigkeit** – Wie kommuniziert ihr? Wie löst ihr?

Notiere dir für alle Bereiche, wo ihr steht. Beantworte dir die folgenden Fragen möglichst schriftlich.
Denn wenn ihr Eltern dazu imstande seid, die gegensätzlichen Positionen in Kompromisse und Lösungen zu gießen, tut das eurer Partnerschaft gut und euer Kind lernt daraus. Es kann daran wachsen. Und ihr Eltern auch!

- Vergiss nicht auf das **Gute** zu schauen: Was verbindet euch? Was läuft toll mit dem Kind? Was macht der oder die andere richtig klasse? Wofür seid ihr beide dankbar?
- Ist Raum für **Humor**, für Entschuldigungen, für Höflichkeit und Sanftheit – für „Beziehungsschmiermittel"?
- Seid ihr **gleichberechtigte** Partner*innen? Oder liegt die Problematik unter Umständen gar nicht so sehr im Erziehungsverhalten des oder der anderen, sondern in grundlegender Frustration in dir? Fühlst du dich nicht gesehen, überfordert, im Stich gelassen? Dann geh das Thema erst einmal an, zum Beispiel über Mental-Load-Ratgeber. Das gilt natürlich auch für deinen Partner beziehungsweise deine Partnerin.
- Gibt es noch andere **Belastungen** in eurem Familienleben als nur unterschiedliche Ansichten in Bezug auf Erziehung? Solche Umstände können es erschweren, eure Probleme zu lösen, und sie sollten auch Schritt für Schritt angegangen werden.

Dein Anteil. Wichtig ist, dass auch du Kritik annimmst und genau betrachtest. Es kann gut sein, dass auch du nicht gut in Beziehung zum Kind, sondern zu streng oder zu eng bist. Veränderung benötigt Bereitschaft auf allen Seiten.

Tipps für Grundsatzdiskussionen:

- Kläre im Vorfeld für dich, was genau dein Ziel ist. Hier sollte vor allem das Kind im Fokus stehen: *„Ich wünsche mir für unser Kind ..., weil ...“* verbunden mit der Bitte: *„Hilf mir dabei!“* ist ein guter Ansatz. Im Gegensatz dazu solltest du Ziele wie: *„Ich will dich anders haben!“* vermeiden.
- Manchmal kann es hilfreich sein, erst mit einer dritten Person darüber zu reden, damit du deine Gedanken gut sortieren kannst und klarer ins Gespräch gehst.
- Wählt einen guten Zeitpunkt für euren Austausch: nicht zwischen Tür und Angel, nicht in Rage, nicht in Zeitnot.
- Startest du mit einer vorwurfvollen Frage wie: *„Warum machst du es nicht wie ich?“*, wird dein Gegenüber sich angegriffen fühlen. Denn eigentlich hat er oder sie nur die Wahl zwischen Schauspielern und Scheitern: Er oder sie könnte deinen Weg übernehmen, aber wäre nicht überzeugt und kann es dann auch nie gerne und gut machen.
- Vermeide zu viel Negatives: Statt zu kritisieren und Besser-Mach-Ratschlägen solltest du erst einmal Verständnis für die Position des oder der anderen aufbringen (es gibt auch hier gute Gründe) und mit ihm oder ihr hinschauen, wo ihr für euer Kind hinwollt.
- Beschreibe deine Wünsche und deine Gedankengänge. Oft eskaliert es so richtig, wenn unser Gegenüber nicht nachvollziehen kann, wie wir zu einer Meinung gekommen sind. Mach das transparent.
- Erfrage genau, wie der oder die andere die Situation empfindet und achte auf seine oder ihre Lösungsideen. Hör zu!
- Rege an, den Weg der Gedankenexperimente ebenfalls zu gehen und über die Beziehungsschlüssel und mögliche Problemfelder zu lesen. In meinen Beratungen sind daraus resultierende Gespräche oft schon ein erster richtig großer Schritt, mit dem Eltern aufeinander zugehen.

- Halte es aus, wenn ihr bei dem Thema nicht über Nacht weiterkommt, denn so wird es sehr wahrscheinlich laufen. Der Weg braucht Zeit, Umwege und Stolperer.
- Legt Prioritäten fest und plant kleine Schritte. Wenn dein Gegenüber ein Thema aus seiner eigenen Kindheit mitbringt, Probleme mit gewaltfreiem Miteinander hat, ständig pessimistisch ist ... dann ist das zu viel, um es in einem Rutsch anzugehen. Gegebenenfalls hilft hier ein beratender Blick von außen.
- Ermutige deinen Partner oder deine Partnerin dazu, dass ihr euch Hilfe sucht, jemanden der oder die eure Wege einordnet und zusammenbringt. Denn ihr habt beide Gründe für euren jeweiligen Erziehungsstil – eine Vorgeschichte – und seid deshalb verletzbar. Oft ist die neutrale Sicht von außen die Vermittlungskraft, die es braucht, um zusammenfinden zu können.
- Tauscht Argumente aus und verlasst die eingefahrenen Straßen. *„Das Kind leidet unter dir!“* ist vielleicht richtig, aber dein Partner oder deine Partnerin muss woanders beginnen. Frag nach: *„Was versprichst du dir von deinem Weg? Was weißt du über den Entwicklungsstand des Kindes? Woher nimmst du dir Sicherheit? Strenge? Enge? Was sind deine Bindungserfahrungen?“*

Du leidest mit. Ein wichtiger Aspekt ist außerdem, dass deine Belastung im Familienalltag höher sein kann, wenn du schon auf einem guten beziehungsorientierten Weg bist und dein Partner oder deine Partnerin gar nicht. Denn dein Kind sucht ganz natürlich nach Bindungssicherheit, wie du weißt. Und wenn du feinfühliger reagierst, wird es häufig eher deine Unterstützung suchen. Bist du dann ständig gefragt rund um die Schlafenszeit, wenn das Kind Trost braucht oder Hilfe beim Problemlösen und mehr, kann es sein, dass deine eigenen Bedürfnisse leiden. Dieses Ungleichgewicht zwischen Eltern und Kindern soll es aber in der Beziehungsorientierung eben gerade nicht geben. Auch du brauchst Raum für dich. In diesem Fall musst du unbedingt mit dem anderen Elternteil sprechen, weil du das erstens nicht durchhalten kannst und der oder die andere zweitens denken könnte, dass du sowieso alles besser kannst, und sich die Mühe spart. Und weil der oder die andere deshalb denken könnte, das Kind hat eh kein so großes Interesse an der Beziehung zu ihm oder ihr.

Dann ist es wichtig, dass du nicht nur das Kind und die Argumente zu seiner Bindungssicherheit in den Fokus stellst, sondern auch dich: *„Ich möchte ihm die Bindungssicherheit geben, weil …"* (Die Argumente dafür kennst du ja oder findest sie schnell, wenn du zu den ersten Seiten des Buches zurückblätterst) *„und ich brauche dich dafür. Ich glaube, dass du das auch kannst."*

WENN EIN ELTERNTEIL KLAR BEVORZUGT WIRD

Phasenweise kann ein Kind eine starke Vorliebe für eine Bezugsperson zeigen und die andere(n) stark ablehnen. Das dürfen wir Großen nie persönlich nehmen, auch wenn es schmerzt. Kinder bevorzugen in der Regel die Person, die ihre Bedürfnisse am besten erkennen kann. Das bedeutet nicht, dass andere weniger geliebt werden. Und die liebste Bezugsperson bekommt zudem nicht nur die meiste Nähe ab, sondern häufig auch die meisten Emotionen einschließlich Wut. Beide Seiten sind also nicht nur schön oder nur schwierig.

Gerade herrische oder abwesende Elternteile erfahren durch ihre geringe Beachtung der kindlichen Bedürfnisse und ihre Distanziertheit oft mehr Ablehnung. Reagieren sie dann gekränkt und entfernen sich noch weiter vom Kind, kann es gut sein, dass sich das Kind noch abwehrender zeigt. Ein Teufelskreis, aus dem man mit der Beziehungsorientierung aussteigen kann.

Glaub an den anderen oder die andere und zeig das auch. Und denk an den Tipp für euren Alltag mit ausreichend 1:1-Zeit jedes Elternteils mit dem Kind. Denn ihr beide müsst euch mit Beziehungsorientierung befassen, wie hier im Buch beschrieben, aber auch mit eurem Kind. Sich Zeit nehmen, um sich einzufühlen und dem Kind zu beweisen, dass man es gut lesen kann. Wegducken gilt nicht und bringt nichts. So kann keine Eltern-Kind-Beziehung besser werden.

Kein Ende in Sicht. Entwickelt sich rund um das Erziehungsthema ein Dauerkonflikt zwischen euch, ist nicht der Erziehungsstil oder das Kind das Problem, sondern die Partnerschaftsebene und die Kommunikation. Sucht euch hierfür Unterstützung und erst im zweiten Schritt Erziehungsberatung.

WENN DIE PARTNERSCHAFT ZU SEHR BELASTET

Wenn du schon verschiedene Hilfen (wie zum Beispiel auch Paarberatung, die du zur Not auch nur allein aufsuchst) hinzugezogen hast, aber dennoch irgendwann keinen Raum mehr für Lösungen und zugewandtes Miteinander spürst, ist es keine kluge Idee, die Situation weiterhin auszuhalten. Du steckst in einer Krise, die vermutlich deutlich über das Thema Kindererziehung hinausgeht. Und wenn du, wie zu Beginn dieses Kapitels vorgeschlagen, entschieden hast, dass es – für die Entwicklung deines Kindes – keine Option ist, deine Ansprüche zu senken, bleibt dir nur der Weg, eine gut begleitete Entscheidung zu treffen. Manchmal kann deine klare, ernstgemeinte Aussage (*„So geht es nicht mehr weiter!"*) endlich der letzte Anstoß sein, damit das Gegenüber doch engagiert in den Veränderungsprozess eurer Beziehung und Elternschaft einsteigt. Und manchmal ist sie auch ein Ende und Neuanfang. Schöpft nur unbedingt vorher alle Ressourcen zur Beratung aus.

Ist das Erziehungsverhalten deines Partners oder deiner Partnerin in deinen Augen vernachlässigend, psychisch oder physisch gewalttätig und kannst du ihn oder sie nicht wirklich erreichen, ist Aushalten keine Option. Vertraue dich jemandem an und suche dir professionelle Unterstützung.

Getrennte Eltern

Bist du vom anderen Elternteil deines Kindes getrennt? Und kommt es immer wieder zu unterschiedlichen Ansichten im Umgang mit dem Kind oder berichtet es dir, dass ihm im zweiten Zuhause ganz anders begegnet wird? Dann ist es meist nochmal schwieriger, zusammenzufinden. Um das konstruktiv angehen zu können, ist es wichtig, dass du die Hintergründe der Trennung für dich aufarbeitest. *Welche Themen möchte ich angehen? Wozu war es gut, es so lange auszuhalten? Was hat genau dazu geführt, dass ich es nicht mehr aushalten möchte? Welchen Anteil habe ich bei der Trennung und welchen Anteil der oder die andere?*

Im ersten Schritt musst du dann bei dir hinschauen, ob dein Erziehungsstil nicht doch zu streng oder zu eng ist und daran arbeiten. Folgende Fragen könnten dir helfen: *Mal angenommen, ich könnte die Zeit zurückdrehen, was würde ich verändern? Welche Ansätze sind hilfreich für mein Kind und was möchte ich verändern?*

Erst im nächsten Schritt kannst du versuchen, deine oder deinen Ex zu erreichen. Nutze die Gesprächsvorschläge aus dem vorhergehenden Unterkapitel und richte den Fokus aufs Kind. Du solltest in erster Linie nicht formulieren, dass du es leichter haben willst oder dass er oder sie es falsch macht, sondern dass eine entwicklungsfördernde Umgebung möglicherweise anders aussieht. – Argumente, Fakten, Blick aufs Kind.

Es geht nicht darum, wer recht hat. Was das Kind braucht, sollte euer Leitstern sein. Bei stark strittigen Trennungen geht das sicher nicht ohne Mediator*in. Möglicherweise ist der Beziehungsschlüssel „Kommunikation“ zwischen euch ein Problem oder der oder die andere ist tatsächlich „Täter*in“, hat Gewalt angewandt und die Problematik des Trennungsalltags geht noch viel tiefer.

Auch hier ist wichtig, dass ein beziehungsorientiert begleitender Elternteil vieles ausgleichen und einem Kind Stärke und Bewältigungskraft mitgeben kann, selbst wenn die andere Seite nicht #gutgenug handelt.

Zum Weiterlesen
Du brauchst Impulse, um die Elternaufgaben trotz Trennung gut meistern zu können? Lies bei Marianne Nolde in „Eltern bleiben nach der Trennung", bei Ute Steffens „Mit Kindern durch die Trennung – ein therapeutisches Lesebuch" oder speziell zu Patchwork-Situationen bei Marita Strubelt in „Patchwork-Power".

Dein weiteres Umfeld

Verwandte oder auch die Eltern anderer Kinder, Verkäufer*innen oder Kinderärzt*innen können dich ebenfalls stressen, wenn sie eine ganz andere Haltung haben als du.

- Schau dir Kritik immer genau an. Denke an das, was du in diesem Buch gelernt hast.
- Aber bestehe darauf, zugewandt miteinander zu sprechen, anstatt euch gegenseitig etwas vorzuwerfen. Und schiebe die Argumente beiseite, die du für dich begründet als falsch eingeordnet hast.
- Sage denjenigen, die im Grunde nicht nah an deiner Familie dran sind, deutlich, dass sie etwas nicht gut beurteilen können. Der beste Starter ist: *„Ich sehe das anders!"*
- Schütze dein Kind. Die anderen sollen mit dir sprechen, nicht mit dem Kind, und sie sollen es möglichst tun, wenn das Kind nicht zuhört. Die Auseinandersetzungen würden es belasten, weil es Vorwürfe auf sich beziehen könnte. Niemand anderes ist hier für seine Erziehung zuständig. Du kennst es außerdem am besten. Auch das kannst du deutlich sagen.
- Wirb für deinen Weg.
- Suche gegebenenfalls (zeitlich begrenzten) Abstand, wenn ihr nicht zusammenkommt.

Erziehung ist ein emotionales Thema, Kinder sind unser höchstes Gut. Verschiedene Meinungen treffen uns gerade deshalb so tief, besonders wenn uns nahestehende Personen wie die eigenen Eltern und Geschwister oder langjährige Freunde aus der kinderlosen Zeit sie äußern. Kritik berührt uns so intensiv, weil Elternschaft einen großen, wichtigen Teil unseres Selbstbildes ausmacht. Darum ist es verständlich, wenn du emotional und zunächst auch abwehrend reagierst.

„Kritik von außen, von Menschen, die nur einen kurzen Einblick in unser Leben haben oder auch solche, die uns eigentlich gut kennen, trifft mich, wenn es um unseren zugewandten und beziehungsorientierten Umgang mit den Kindern geht. Da ich selbst sehr schüchtern bin, fällt es mir oft schwer, das Gespräch zu suchen, wenn ich vorher schon weiß, dass mein Gesprächspartner der Bindungsorientierung kritisch gegenübersteht. Gleichzeitig ist es eine wunderbare Lerngelegenheit für meine eigenen schüchternen Kinder, wenn ich es schaffe, so ein Gespräch auf wertschätzende Art zu führen. Das motiviert mich dann, es doch immer mal wieder zu versuchen.“ ***Ulla, 38***

Grundlegend ist für dich, dass die Kommunikation häufig der Schlüssel zur Konfliktlösung ist. Das Ziel wäre, dass beide Elternteile lernen, konstruktiv zu kommunizieren und auch unterschiedliche Meinungen und Inhalte aushalten zu können. Das erhöht die Chancen, das hier im Buch erworbene Wissen anzuwenden und ein lösendes Miteinander zu erreichen. Dies gilt natürlich nur, wenn keine Gewalt vom Partner oder der Partnerin ausgeht und alle Beteiligten dieses Miteinander zum Ziel haben.

Ob du bei Fremden deine Kraft fürs Argumentieren aufbrauchst, solltest du dir immer gut überlegen. Es ist ehrenhaft und im Grunde auch wichtig, dass beziehungsorientiertes und bindungstheoretisches Wissen in alle gesellschaftlichen Bereiche sickert und dort wirkt. Aber du hast ja gesehen, wie tief verwurzelt manche Vorstellungen und der jeweilige Weg, Sicherheit zu suchen, sind. Zwischen Tür und Angel erreicht man da nichts. Hast du den Eindruck, es könnte sich lohnen, frag wieder genau nach:

- *„Was versprichst du dir von deinem Weg?“*
- *„Was weißt du über den Entwicklungsstand des Kindes?“*
- *„Woher nimmst du dir Sicherheit? Strenge? Enge?“*
- *„Was sind deine Bindungserfahrungen?“*

Das ist ein guter Einstieg.

„Generell brauche ich, vor allem als Alleinerziehende mit eigenem Rucksack voll Themen, die Energie und Kraft, um mich immer und voll auf die Wildheit meines Kindes einzulassen und beziehungsorientiert zu bleiben. Wenn ich im Umgang mit meinem Kind überfordert oder unsicher bin, liegt das in der Regel an fehlenden Kapazitäten als Alleinerziehende. Dann schaffe ich es nicht, meine Themen und Prägungen nach hinten zu schieben. Wie ich dann reagiere, kommt auf die Umgebung oder das System an, in dem mein Sohn und ich uns gerade befinden. Wenn wir beide allein sind, werde ich durch meine eigene Ungeduld eher herrisch und probiere, durch Strenge und Härte etwas zu erreichen, obwohl ich eigentlich sicher bin, dass es meinem Kind besser hilft, wenn es gesehen und wahrgenommen wird. Dass auf Augenhöhe kommuniziert und gemeinsam nach Lösungen für beide gesucht wird. Aber da rutsche ich in Muster, die ich aus meiner eigenen Kindheit kenne. Wenn wir in anderer Umgebung sind, zum Beispiel bei meinen Eltern oder auf dem Spielplatz mit anderen Eltern und Kindern zusammen, probiere ich viel zu erklären und besser in Beziehung zu sein. Dieses Erklären führt allerdings oft dazu, dass die Umgebung das als Verteidigen und Entschuldigen für das Kind ansieht. Hier wünsche ich mir, dass wir gesellschaftlich Verständnis gewinnen, dass ein wildes Kind normal ist und kein krankhaftes Verhalten oder Mutwilligkeit dahintersteckt.“

Isa, 37

Pädagog*innen in Kita und Schule

Tageseltern und Erzieher*innen und nochmal mehr die Lehrkräfte sind Teil des Er- und Beziehungsumfeldes deines Kindes. Es kann passieren, dass sie das Elternhaus infrage stellen. Es kann auch geschehen, dass sie ein bestimmtes Verhalten am Kind wahrnehmen und kritisieren, das du vielleicht mit dem Bindungsstil der jeweiligen Person in Zusammenhang bringst und gar nicht mit deinem Kind. Denn sowohl eine vermeidend als auch eine ambivalent in Beziehung gehende Lehrperson kann das Lernverhalten eines Kindes beeinträchtigen. Beides ist herausfordernd, denn es besteht eine Abhängigkeit eurerseits. In der Regel wirst du das nicht sicher feststellen können, aber auch eine Vermutung reicht aus, um dem Thema nachzugehen.

Ich wünsche dir, dass du dich hier von Ängsten befreien kannst. Brich es runter auf die Fakten:

- Lösung braucht Miteinander und Kommunikation. Angriff ist sinnlos. (Versuche gegebenenfalls, auch alte kritische Bilder von Schule aus deiner Jugend loszulassen.)
- Versuche, in Beziehung zu gehen und offen das Gespräch zu suchen: *„Worum geht es eigentlich?“*
- Versuche, nicht zu denken: *„Der oder die sagt, ich mache etwas falsch!“*, sondern: *„Okay, irgendwo hakt es. Wir müssen zusammen hinschauen.“*

KONFLIKTE KLÄREN

Gerade wenn du ein eher unsicherer Mensch bist, ist es schwierig, Unsicherheiten zu überwinden und derartige Konflikte zu lösen. Angriff ist aber niemals eine gute Idee. Eventuell musst du grundlegend an dir arbeiten, um solch eine Konfliktlösung stark angehen zu können. Wie dein Ich aufgestellt ist, ist auch hier ein Beziehungsschlüssel! Hilfreich kann es auch sein, wenn du dir eine vertraute Person zu derlei Gesprächen mitnimmst. Das ist immer okay.

Dann kannst du dir die Kritik genau anschauen und erkennst, wenn dein Erziehungsverhalten – zu streng oder zu eng – tatsächlich zu einem unguten Verhalten deines Kindes geführt hat und die Lehrkraft recht hatte. Wenn dies nicht der Fall ist, kannst du die Fremdeinschätzung von dir weisen.

Sich auf andere Bezugspersonen einzulassen und auch mit ihnen zu lernen, ist immer abhängig von den Beziehungen und damit vom Bindungsverhalten aller Beteiligten. Es kann also gut sein, dass das Verhalten deines Kindes, das zum Gesprächsanlass wurde, nicht dem Kind anzulasten ist und eben auch nicht deinem Erziehungsstil, sondern durch das Bindungsverhalten der entsprechenden Bezugsperson hervorgerufen wurde. Es ist sehr schwierig, das sicher festzustellen. Aber du kannst einige Aspekte im Gespräch abklopfen. Das erfordert viel Feingefühl.

- Beziehungen und gute Zusammenarbeit von Lehrkräften und Schüler*innen werden erschwert, wenn die Klassen groß, die Hierarchien stark sowie der Druck durch Noten und Vergleiche mit anderen hoch sind.
  → Ist das so? Ist das beeinflussbar? Sprich es an.
- Hilfreich ist es, wenn der Schüler oder die Schülerin spürt, dass die Lehrperson persönlich Anteil nimmt an seinem oder ihrem Vorankommen und Anerkennung spüren lässt. Das darf sich auf

Kleinigkeiten beziehen und sollte im Vergleich mit dem Kind selbst und seinen bisherigen Leistungen zusammenhängen.
→ Geschieht das? Sonst frag, welche Änderungen möglich sind.
- Sinnvoll ist, wenn das Kind auch in der Schule persönliche Konsequenzen statt beliebiger Strafen spürt.
- Wie zugewandt zeigt sich die Lehrkraft? Wie deutlich spricht sie dein Kind an und erklärt, was „Fehlverhalten" für sie und für das Kind bedeutet?

Zeige im Gespräch unbedingt Verständnis für die andere Seite: Viele Lehrer*innen würden gerne mehr in Beziehungen investieren, aber stehen vor hohen Hürden im institutionalisierten Alltag. Vielleicht sind kleine Schritte und Kompromisse möglich? Was können du und dein Kind für die bessere Beziehung tun? Der Blick auf das Verhalten der Lehrkraft sollte immer nur ein Teil des Ganzen sein, denn auch auf der Seite der Familien liegt natürlich viel Verantwortung. Aber wenn du den Eindruck hast, im Kollegium ist entweder kein Verständnis, oder aber zwar der Wille, aber kein Raum für Beziehungsarbeit, stoß einen anderen Weg an: Über die Elternpflegschaft kannst du eine Fortbildung anregen. Weiterbildungskurse und Supervision mit außenstehenden Fachkräften oder auch der Lehrer*innen untereinander hinsichtlich Beziehungen und Beziehungsproblemen können eine großartige Hilfe sein.

„In unserem Kindergarten gibt es wenig Verständnis für Beziehungsorientierung. Man hat das Gefühl, Eltern sind informierter als das Personal. Wir haben lange gehadert, ob wir das aushalten sollen oder ansprechen müssten. Unser Kind hat im Grunde von zu Hause einen starken Rücken mitbekommen und kommt schon irgendwie zurecht mit unterschiedlichen Menschen. Aber auch wenn er sagt: ‚Und dann musste ich halt wieder allein auf der Bank sitzen, aber das war okay. Draußen hab ich dem Müllauto zugeguckt', gibt es sicher Momente, wo er sich falsch fühlt oder auch andere Kinder in Stress kommen durch Bestrafungen. Wo es nicht okay ist. Wir sahen also doch, dass das Ver-

*halten der Erzieher*innen den Kindern schadet. Also haben wir es bei der Leitung angesprochen. Das würde ich immer wieder tun. Es ist noch lange nicht alles toll, aber es tut sich was.“* ***Hanna, 44***

Wenn es zwischen einer Lehrkraft und einem Schüler oder einer Schülerin beispielsweise aufgrund von Vorurteilen Probleme im Miteinander gibt, ist es besonders schwer, das anzugehen. Aber muss die pädagogische Fachkraft darüber mit jemand anderem sprechen, weil du es thematisiert hast, kann dieser kleine soziale Druck mit fachlichem Blick Gutes bewirken.

DIE BEZIEHUNG ZWISCHEN LEHRKRÄFTEN UND SCHÜLER*INNEN

Um die Beziehung zwischen Lehrer- und Schülerseite zu verbessern, haben oft schon kleine Maßnahmen große Wirkung. Beispielsweise macht es einen enormen Unterschied, ob unter einer Klassenarbeit die gleiche Note wie beim letzten Mal steht oder dazu ein kleiner Kommentar, welche Verbesserung aufgefallen ist. Auch das bedeutet mehr Arbeitsaufwand, doch Beziehung ist immer Prophylaxe. Und Investition. Die Wahrscheinlichkeit, dass die Kinder in Zukunft mit weniger Problemen und gerne lernen, erhöht sich mit jedem kleinen Schritt.

Auch Trainer*innen oder andere Erwachsene im Freizeitbereich können dich auf dein Erziehungsverhalten oder dein „problematisches Kind“ ansprechen. Hier bist du oft nicht so stark auf Kooperation angewiesen wie im Kontext von Betreuung und Schule. Dennoch rate ich dir, zunächst die gleichen Schritte wie oben zu gehen. Kläre für dich:

- Worum geht es eigentlich?
- Ist Kritik an dir berechtigt?
- Welchen Anteil hat das Kind?
- Welchen Anteil hat die andere Person?

- Und welchen Anteil hat die Situation?
- Kann an allen infrage kommenden Bereichen gearbeitet werden?
- Können die Beziehungen „Eltern – Kind", „anderer Erwachsener – Eltern" und „anderer Erwachsener – Kind" verbessert werden?

Den Musikschulkurs, die Trainingsgruppe oder Ähnliches kann man leichter wechseln als einen Kindergarten oder die Schule. Erste Option sollte das aber nie sein. Denn erinnere dich, wie wichtig Kommunikation und gesundes Konfliktverhalten sind. Lebe deinem Kind vor, dass man es immer versuchen sollte. Besonders wenn dein Kind dort schon an einem Beziehungsnetz angedockt hat, solltest du das nicht leichtfertig aufgeben. Bewältigung ist sinnvoller als Konfliktscheue.

Typischen Vorwürfen souverän begegnen

Spreche ich mit Eltern, die sich gut auf dem beziehungsorientierten Weg verortet haben und nur noch selten zu streng oder zu eng vorgehen, erzählen sie mir immer wieder von sehr ähnlichen Anschuldigungen anderer, die sie sich aufgrund ihres Erziehungsverhaltens anhören müssen. Allen voran: *„Das Kind tanzt dir auf der Nase herum."*

Schau dir solche Vorwürfe immer genau an. Du hast in diesem Buch viel gelernt. Ist irgendwo ein Fünkchen Wahrheit dran? Dann pack den Punkt an. Sind sie aus der Luft gegriffen, dann zeig das deinem Gegenüber auch. Manche Eltern können es gut aushalten, ignorieren oder abwehren. Andere wünschen sich einen souveränen Umgang damit. Was braucht es dafür?

Stell dich gut auf mit dem Beziehungsschlüssel → **Deine Geschichte**.

Sicher dich gut ab mit dem Wissen aus den Gedankenspielen, was zu streng und was zu eng ist.

Festige deine Haltung mit den Informationen, die ich dir zu den Beziehungsschlüsseln mitgegeben habe.

Entscheide, ob dein Gegenüber zu dir oder deinem Kind im Grunde eine wichtige Beziehung hat. Falls nein, darfst du lächeln und winken. Falls doch, geh in Beziehung und suche eine Lösung.

Und wenn dir die Beziehungsschlüssel anfangs noch als zu viel und zu kleinteilig erscheinen, besinn dich auf die Grundlagen: **Konfliktfähigkeit – Sicherheit – Miteinander.** Das ist es, was euch gemeinsam den beziehungsorientierten Weg antreten lässt.

„Inkes Ansatz der Beratung, ihr wertschätzendes Verhalten allen Beteiligten gegenüber und ihre Gedankenspiele haben mir sehr weitergeholfen. Dabei, mein eigenes Erziehungsverhalten zu hinterfragen und Stück für Stück zu verändern, ohne permanent ein schlechtes Gewissen oder Schuldgefühle haben zu müssen. Ich erkenne Verhaltensweisen aller Eltern-Typen in mir, die, mal mehr und mal weniger, nach außen drängen. Meist dann, wenn ich mit mir selbst nicht im Reinen bin, zu viel Stress habe oder zu viele Baustellen in meinem Leben.
Nach der Geburt meines zweiten Kindes litt ich an einer Wochenbettdepression und diese Situationen waren eher die Regel als die Ausnahme. Dank Inkes Erklärungen, die nie vorwurfsvoll sind, weiß ich, dass mein Partner, der weiterhin beziehungsorientiert handeln konnte, den Kindern in dieser Zeit Sicherheit und Zuneigung vermitteln konnte, wenn ich nicht dazu in der Lage war. Es macht mich traurig, dass es mir nicht so gelang, wie ich wollte. Aber ich habe aufgehört, mir dafür die Schuld zu geben, sondern versuche, mit Inkes Hilfe den richtigen Weg für unsere Familie zu finden. Hin zum #gutgenug.“ ***Katharina, 35***

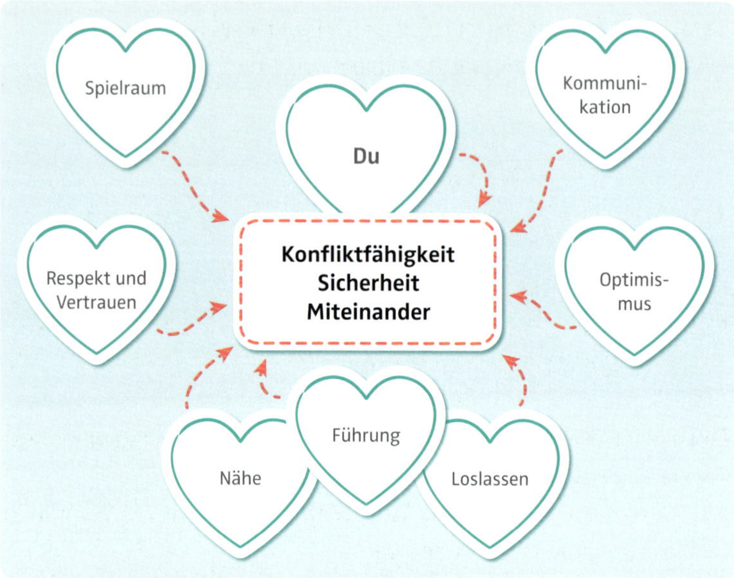

Kern der Beziehungsschlüssel

Packt die Themenfelder an, anstatt sofort aufs Kind zu gucken, weil es anstrengend ist. Lernt streiten, sucht euch Informationen, um mehr Sicherheit zu bekommen. Fokussiert euch auf ein Mit- statt ein Gegeneinander im Alltag.

Auf konkrete Angriffe kannst du so reagieren:

„Dein Kind tanzt dir auf der Nase herum!“

→ *„Es hat Raum für sein Temperament und seine Gefühle. Das ist ein ganz normales Kind. Wir als Gesellschaft sind die Wildheit manchmal gar nicht mehr gewöhnt.“*

„Das Kind nimmt dich nicht ernst!“

→ *„Doch, aber es kann gerade nicht kooperieren.“*

„Es ist nicht lebensfähig durch deine Wischiwaschi-Erziehung!"

→ *„Doch, ich gebe ihm Bewältigungskraft mit, anstatt es kühl abzuhärten."*

„Sie spüren nie eine Konsequenz!"

→ *„Es spürt keine Strafen, aber persönliche Konsequenzen sehr wohl."*

„Du erziehst doch ‚laissez faire'!"

→ *„Definitiv nicht. Mein Kind wird nicht allein gelassen oder gar vernachlässigt. Das ist ein Unterschied."*

„Es wird untergehen, weil es in dieser Welt keine Regeln kennt, wenn nicht bald jemand anfängt, es zu erziehen!"

→ *„Es kennt Regeln und Spielräume statt beliebiger Verbote. Es stellt sie sogar mit mir zusammen auf."*

„Die werden am Ende wie ich und sind nicht in der Lage, irgendwas gebacken zu bekommen!"

→ *„Das sollten wir in zwei Teilen betrachten: Was hat dir denn gefehlt? Und glaubst du, das krasse Gegenteil davon ist die Lösung?"*

„Wenn du das nicht langsam mal angehst, lernt dein Kind es nie!" / „Es muss das aber endlich mal allein schaffen."

→ *„Ich habe mich informiert über die unglaubliche Spanne in diesem Bereich. Es hat immer noch Zeit. Danke für deine Sorge."*

„Du redest zu viel!"

→ *„Das sehe ich anders. Ich möchte verstehen, was in meinem Kind los ist, und ich möchte, dass es mich und auch sich selbst gut versteht. Ich glaube, was ich jetzt investiere, wird sich lohnen. Wir verstehen uns jetzt schon manchmal ganz ohne Worte."*

„Woher soll es denn sonst merken, dass es etwas falsch gemacht hat, wenn du nicht bestrafst?“

→ *„Für mich ist es wichtig, im Gespräch zu bleiben, anstatt mich über mein Kind zu stellen und es zu bestrafen. Somit erfährt mein Kind, dass ich das so nicht möchte, hat aber auch die Möglichkeit, mit mir zu sprechen und seine Sichtweise zu erläutern“.*

„Eltern sind die Chefs, Kinder brauchen Führung.“

→ *„Ja, richtig. Kinder brauchen Führung. Manchmal sind die Eltern die, die den Ton angeben und manchmal dürfen auch die Kinder mitentscheiden. Mein Wunsch ist es, gemeinsam Regeln zu besprechen und dies nicht einseitig zu bestimmen. Nur wenn Gefahr droht und ich mein Kind beschützen muss, mache ich eine Ausnahme.“*

KOMMUNIKATION IST DER SCHLÜSSEL

Wenn du immer wieder Fragen und Entscheidungen dem Kind überlässt, ohne einen Orientierungsrahmen zu geben, kann das zu viel sein. Wenn du hingegen redest, um dich zu erklären oder dein Gegenüber zu verstehen, sind die Worte nicht überflüssig. Damit schaffst du Mitgefühl unter euch und kannst im Kind Motivation wecken, mit dir im Miteinander durchs Leben zu gehen, auch deine Grenzen zu achten und vieles mehr. Und wenn du mit Worten dabei hilfst, dass dein Kind sich besser versteht, weil du formulierst, welche Gefühlsregungen du bei ihm spürst, ist das auch niemals überflüssiges Gerede.

„Das Kind hat nicht wirklich Angst, es verarscht dich doch nur.“

→ *„Ich nehme seine Angst erst mal ernst. Irgendwas steckt auf jeden Fall hinter dem Verhalten. Und das bekomme ich nicht heraus, wenn ich es abtue.“*

„Kompromisse sind inkonsequent."

→ *„Gemeinsame Lösungssuche ist ein gutes Verhalten im Konfliktfall. Jeder hat es verdient, dass man aufeinander zugeht. Und sieh mal: Als Erwachsener im Berufsleben wird genau solch eine Kompromissfähigkeit gefordert. Ich biete meinem Kind die Chance, dies frühzeitig zu lernen."*

„Warum muss man immer alles anders machen als früher?"

→ *„Darum geht es nicht. Mir geht es darum, neue Erkenntnisse zu nutzen. Sie sagen uns, dass Beziehung, Miteinander, lösungsorientierte Kommunikation und Augenhöhe genau die wichtigen Aspekte von Erziehung sind, die ein gesundes Aufwachsen am wahrscheinlichsten machen. Heute wissen wir, dass das Erkennen und Erfüllen von Bedürfnissen Kinder sicherer und auch erfolgreicher macht."*

„Du weißt es also besser!"

→ *„Ich glaube, dass ich mich besser informiert habe. Ich würde es dir gerne in Ruhe erklären, denn es ist gar nicht so einfach und war auch für mich ein ziemlicher Prozess."*

„Das hat mir auch nicht geschadet!"

→ *„Ganz ehrlich, ich finde, da du diesen Blick darauf hast, habe ich schon den Eindruck, genau diese Art der Erziehung hat vielleicht deine Feinfühligkeit gestört. Meine Haltung ist, dass Kinder Respekt und Feinfühligkeit verdient haben."*

„Das Kind will eh immer nur zu dir."

→ *„Das ist nichts Persönliches. Es bedeutet weder, dass ich der bessere Mensch bin, noch du der schlechtere. Ich habe mich viel mit ihm befasst und viel über kindliche Entwicklung gelernt. Das hat mir geholfen, und ich bin ganz sicher, dass du das auch kannst."*

Bedank dich ruhig für den Anstoß, wenn du kannst, denn im Grunde steckt wahrscheinlich irgendwo in dem Vorwurf auch eine Sorge um dein Kind. Oft ist sie überlagert von eigenen Glaubenssätzen oder Ängsten der kritisierenden Person. Häufig startet das Ganze daher als sehr unangenehmes, anklagendes Gespräch. Denk immer daran: Regle erst die Gesprächsatmosphäre, dann das Inhaltliche. Sonst hat es keinen Sinn.

Nutze Kommunikationshilfen:

- *„Ich glaube, dass ...“*
- *„Ich fühle ...“*
- *„Ich verstehe dich so: ...“*
- *„Ich habe gelernt!“*
- *„Ich will, dass ...!“*
- *„Meine Haltung ist ...“*
- *„Meine Ansichten dazu sind ...“*
- *„Erkläre es mir.“*
- *„Eine andere Perspektive darauf könnte sein, dass ...“*
- *„Lass uns mehr Informationen suchen.“*
- *„Lass uns jemanden dazu holen, der sich auskennt.“*
- *„Lass uns einen Kompromiss finden.“*
- *„Lass uns Teilziele setzen.“*

Kläre immer:

- *„Was versprichst du dir von deinem Weg?“*
- *„Was weißt du über den Entwicklungsstand des Kindes?“*
- *„Woher nimmst du dir Sicherheit? Zu viel Strenge? Zu viel Enge?“*
- *„Was sind deine Bindungserfahrungen?“*
- *Und: „Würdest du für unser Kind mal ein Gedankenspiel bearbeiten?“*

Und vielleicht kann dein Gegenüber den gleichen Weg mit diesem Buch gehen wie du.

Sicherheit ist der Schlüssel

Es ist nur die halbe Wahrheit, dass es eigentlich mit offenem Herzen und liebevollem Blick einfach ist, Elternteil zu sein. Das Problem steckt in dem „eigentlich“: Ist mein Herz offen? Ist mein Blick liebevoll? Und wodurch wird das eventuell getrübt? Steckt in mir Unsicherheit? Macht mir das Druck? Und gebe ich den meinem Kind weiter?

Elternsein ist häufig so schwer, weil es so emotional ist, so persönlich. Weil wir auf unserem Weg als Eltern so oft gemessen werden, weil uns noch immer so häufig veraltete Denkmuster begegnen und weil es so viele Orte gibt, an denen Vergleiche und Bewertungen vorkommen.

Du musst nicht deshalb genauer hinschauen, um tausend Dinge richtig zu machen. Und nicht um jede Situation perfekt zu lösen. **Sondern um Sicherheit zu gewinnen für den #gutgenug-Weg.** Denn davon profitieren am Ende alle: du, dein Kind, deine Partnerschaft und deine Beziehungen.

So kannst du liebevoll schubsen und sicher erziehen. Aktiv annehmen und zugewandt zumuten! Nicht zu streng und nicht zu eng.

Geh es mutig, offen und interessiert an. Und wenn du kannst, trag deine Erkenntnisse und Entdeckungen in die Welt, denn dort fehlt noch viel Wissen um Beziehung. Aber hab auch Nachsicht mit dir, wenn du es nur für dich angehst. Auch das ist #gutgenug, damit dein Kind glücklich und befreit großwerden kann.

MITWIRKENDE

Karin Bergstermann ist Historikerin und Autorin. Ihre Themen sind Generationenkonflikte und die Geschichte der Säuglingspflege auf www.familie-historisch.de. Sie hat mich unterstützt beim Blick in die Vergangenheit.

Rebecca Ehlers ist Familienbegleiterin, Kursleitung, Still- und Trageberaterin sowie Mutter von vier Kindern. Beziehungsorientierte Erziehung bedeutet für sie, (Ver)Bindung zwischen großen und kleinen Menschen herzustellen und aufrechtzuerhalten mit alltagstauglichen Mitteln. Sie war eine wichtige Probeleserin für die Gedankenspiele.

Julia Theeg ist Kinder- und Jugendlichenpsychotherapeutin – niedergelassen in einer Schwerpunktpraxis für Psychotraumatologie im Kindes- und Jugendalter in der Region Hannover. Sie arbeitet auch als Supervisorin und Dozentin in mehreren Aus- und Weiterbildungsinstituten. Beziehungsorientierte Elternschaft und der Blick für „den guten Grund“, den Kinder für ihr Verhalten haben, sind für sie die zentralen Elemente in der Arbeit mit Kindern, Jugendlichen, Familien und Bezugspersonen. Julia hat mir für das ganze Buch beratend zur Seite gestanden und wundervolle Impulse geliefert, um die Gedankenspiele ganz rund und nachvollziehbar zu gestalten.

DANKSAGUNGEN

Danke! An Nora dafür, dass du meinen Blick darauf gerichtet hast, dass Perfektion nicht möglich und nicht sinnvoll ist, sondern mehr kaputtmacht, als dass sie hilft. Und an Rebecca und Julia für die Mitarbeit an den Gedankenspielen und den zugewandten, kritischen Blick auf alles. Danke an Christian für all die psychologische Expertise. Danke an Miriam für deine Unterstützung und Umsicht. Und an Milu für jeden Denkanstoß – und das Frühstück in Berlin.

Danke! An Katharina für das unkomplizierteste, intensivste, formidabelste Lektorat ever.

Danke! An Melanie für den jederzeit so großartigen, schnellen Support.

Danke! An Mark. Für alles.

Danke! An euch alle da draußen, die ihr mir zuhört und mir zurückmeldet, dass meine Blicke und Worte es schaffen, dass ihr euch selbst und auch eure Kinder anders sehen könnt. Dass ich euch Mut mitgebe: Mut zum Innehalten, zum Verändern. Und auch Mut, um zuversichtlich zu sein, dass doch alles schon ganz gut werden wird.

Ich möchte mich besonders bei dir bedanken, wenn du es schaffst, nicht nur in deiner Familie für eine Umgestaltung zu sorgen, sondern versuchst, alle Kinder im Blick zu haben: Wenn du dich bemühst, auch in Institutionen und im allgemeinen Denken über Kinder den Adultismus auszuradieren.

Jedes bisschen lohnt sich. Für die Kinder. Denn sie haben keine anderen Fürsprecher*innen als uns. Sie sind zu leise, selbst wenn sie laut sind. Denn zu viele hören nicht richtig hin. Danke auch an Susanne, dass du das so lebst.

LITERATUR

Bergstermann, Karin / Hofer, Anna: Bei meinem Kind mache ich das anders. Beltz, 2022

Beste, Béa: Erziehen ist ein Kinderspiel. Trias, 2020

Brisch, Karl-Heinz: Grundschulalter. Bindungspsychotherapie – Bindungsbasierte Beratung und Therapie. Klett-Cotta, 2019

Cammarata, Patricia: Dreißig Minuten, dann ist aber Schluss! Mit Kindern tiefenentspannt durch den Mediendschungel. Eichborn, 2020

Faber, Adele / Mazlish, Elaine: Hilfe, meine Kinder streiten. Wie Sie Geschwistern helfen, einander zu respektieren. Oberstebrink, 2018

Graf, Danielle / Seide, Katja: Das gewünschteste Wunschkind aller Zeiten treibt mich in den Wahnsinn. Das Geschwisterbuch. Beltz, 2020

Graf, Danielle / Seide, Katja: Das gewünschteste Wunschkind aller Zeiten treibt mich in den Wahnsinn. Der entspannte Weg durch Trotzphasen. Beltz, 2016

Graf, Danielle / Seide, Katja: Das gewünschteste Wunschkind aller Zeiten treibt mich in den Wahnsinn. Gelassen durch die Jahre 5 bis 10. Beltz, 2018

Grolimund, Fabian: Mit Kindern lernen. Konkrete Strategien für Eltern. Huber, 2012

Grenell, A. / Prager, E.O. / Schaefer, C. / Kross, E. / Duckworth, A.L. / Carlson, S.M.: „Individual differences in the effectiveness of self-distancing for young children's emotion regulation. British Journal of Developmental Psychology, 37 (1), S. 84–100, 2018

Harmann, Lisa / Nachtsheim, Katharina: Wow Mom 2: Der Mama-Mutmacher für mehr Ich in all dem Wir. Krüger, 2020

Hummel, Inke: Mein wunderbares schüchternes Kind. Mut machen, Selbstvertrauen stärken, liebevoll begleiten. humboldt, 2021

Hummel, Inke: Mein wunderbares wildes Kind. Zu laut, zu unbequem, zu anders. humboldt, 2021

Hummel, Inke: Miteinander durch die Pubertät. Gelassener bleiben, weniger streiten, in Kontakt bleiben. humboldt, 2020

Imlau, Nora: Mein Familienkompass. Ullstein, 2020

Karr-Meng, Alexandra: Kinder achtsam erziehen. Wie Sie Wut, Streit und Geschrei aus dem Familienalltag verbannen. humboldt, 2018

Mierau, Susanne: Frei und unverbogen. Beltz, 2020

MutterKutter: Der Survival-Guide für Mamas. Die besten Überlebensstrategien für deinen Familienalltag. humboldt 2020

MutterKutter: Loye yourself, Mama! Körper, Seele und Liebe in Balance. humboldt, 2021

Nedebock, Ulla: Starke Kinder brauchen Regeln. Klare Grenzen – entspannte Familie. humboldt, 2016

Neulinger, Klaus U.: Muss die Schule krank machen? Möglichkeiten der Konfliktbegegnung in Unterricht und Unterrichtsplanung. Herder, 1978

Nolde, Marianne: Eltern bleiben nach der Trennung: Was Ex-Partner für sich und ihre Kinder wissen sollten. Knaur, 2020

Oerter/Montada (Hrsg.): Entwicklungspsychologie. Beltz, 2002

Posth, Rüdiger: Vom Urvertrauen zum Selbstvertrauen: Das Bindungskonzept in der emotionalen und psychosozialen Entwicklung des Kindes. Waxmann, 2007

Renz-Polster: Erziehung prägt Gesinnung. Kösel, 2019

Renz-Polster, Herbert: Kinder verstehen. Born to be wild: wie die Evolution unsere Kinder prägt. Kösel, 2009

Renz-Polster, Herbert/Imlau, Nora: „Schlaf gut, Baby! Der sanfte Weg zu ruhigen Nächten (für Kinder von 0–6 Jahren). GU, 2016

Saalfrank, Katharina: Kindheit ohne Strafen: Neue wertschätzende Wege für Eltern, die es anders machen wollen. Beltz, 2017

Saalfrank, Katharina: Was unsere Kinder brauchen: 7 Werte für eine gelingende Eltern—Kind-Beziehung. Gräfe und Unzer, 2016

Schmidt, Sascha: Wieder Paar sein. Erfüllte Zweisamkeit trotz Kind und Arbeit. humboldt, 2020

Schöttler, Michael: Der praktische Papa-Ratgeber. Liebevoll begleiten, entspannt erziehen. humboldt, 2020

Seyffert, Sabine: „Jedes Kind kann sich entspannen. Der Ratgeber für Eltern von Grundschulkindern. Mehr Gelassenheit durch Entspannungsspiele. Mit Übungen, Massagen und Fantasiereisen. humboldt, 2010

Solter, Aletha J.: Spielen schafft Nähe – Nähe löst Konflikte. Kösel, 2013

Steffens, Ute: Mit Kindern durch die Trennung – ein therapeutisches Lesebuch. edition claus, 2022

Strubelt, Marita: Patchwork Power!: So wird die Sache mit der Bonusfamilie zum echten Bonus. Migo, 2021

Suffren, Sabrina / La Buissonnière-Ariza, Valérie / Tucholka, Alan / Nassim, Marouane / Séguin, Jean R. / Boivin, Michel / Singh, Manpreet Kaur / Foland-Ross, Lara C. / Lepore, Franco / Gotlib, Ian H. / Tremblay, Richard E. / Maheu, Francoise S.: Prefrontal cortex and amygdala anatomy in youth with persistent levels of harsh parenting practices and subclinical anxiety symptoms over time during childhood. Cambridge University Press, 2021. Zu finden unter:
https://www.cambridge.org/core/journals/development-and-psychopathology/article/abs/prefrontal-cortex-and-amygdala-anatomy-in-youth-with-persistent-levels-of-harsh-parenting-practices-and-subclinical-anxiety-symptoms-over-time-during-childhood/BD319B470C7D2DD990FB184E0728B5DA

Textor, Martin R. / Antje Bostelmann: Das Kita-Handbuch. Zu finden unter: https://www.kindergartenpaedagogik.de/

Thiel, Christian: Streit ist auch keine Lösung: Wie Sie in Ihrer Partnerschaft das bekommen, was Sie wirklich wollen. humboldt, 2017

White, R.E., & Carlson, S.M.: What would Batman do? Self-distancing improves executive function in young children. Developmental Science, 19 (3), S. 419–426, 2016

White, R.E., Prager, E.O., Schaefer, C., Kross, E., Duckworth, A.L., & Carlson, S.M.: The 'Batman Effect': Improving Perseverance in Young Children. Child Development, 88 (5), S. 1563–1571, 2019

Winkelmann, Anne-Sophie: Machtgeschichten. edition claus, 2019

WEITERFÜHRENDE LINKS

Beziehungsorientierte Coaches finden:

Bindungsträume:
https://bindungstraeume.de/angebote/

Sekretariat Brisch / SAFE:
https://www.khbrisch.de/fortbildungen/safer-elternkurs.html

familylab:
https://familylab.de/familienberaterinnen/1/

Kostenlose Erziehungsberatungen finden:

Caritas:
https://www.caritas.de/hilfeundberatung/onlineberatung/eltern-familie/start

Familienportal des Bundesministeriums für Familie, Senioren, Frauen und Jugend:
https://familienportal.de

Elterntelefon des Deutschen Kinderschutzbundes:
https://www.dksb.de/de/unsere-arbeit/bundeseigene-projekte-angebote/telefon-beratung-bei-sorgen-und-noeten/

Mehr rund um dieses Buch auf Facebook:

https://www.facebook.com/NichtZuStreng

Bibliografische Information der Deutschen Nationalbibliothek
Die Deutsche Nationalbibliothek verzeichnet diese Publikation in der Deutschen Nationalbibliografie; detaillierte bibliografische Daten sind im Internet über https://dnb.de abrufbar.

ISBN 978-3-8426-1662-2 (Print)
ISBN 978-3-8426-1663-9 (PDF)
ISBN 978-3-8426-1664-6 (EPUB)

Originalausgabe

Die Ratgebermarke der Schlütersche Fachmedien GmbH
Hans-Böckler-Allee 7, 30173 Hannover
www.humboldt.de
www.schluetersche.de

Lektorat: Katharina Spangler, Neumarkt i.d.OPf.
Korrektorat: Miriam Buchmann, Hannover
Covergestaltung: ZERO, München
Covermotiv: Getty Images/Elva Etienne
Abbildungen: stock.adobe.com – oksanaoo: Gühbirnen
Alle übrigen Illustrationen: PER MEDIEN & MARKETING GmbH
Satz: PER MEDIEN & MARKETING GmbH, Braunschweig
Druck und Bindung: gutenberg beuys feindruckerei GmbH, Langenhagen